女王力

5000萬人氣暢銷作家 女王 著

contents

前言 007

PART 1

敗犬女王?女人30向前走

當我吹了30歲的蠟燭之後 012

你浪費了我的青春? 017

不要浪費青春，所以要結婚? 021

當奉子成婚成為一股風潮 025

台灣女人在社會上面臨的十大壓力 028

PART 2

女爲「己悅」而容：20幾歲的美麗是好運，30歲以後的美麗靠努力！

女為己悅而容 042

男人都愛青春肉體 047

女人變醜的五大原因 052

台灣女人對美的迷思 062

contents

PART 3
寫給20幾歲的妳：愛情，只是一道甜點！

很多人追有什麼了不起？ 072
女人主動會不會太隨便？ 076
報復是最愚蠢的事 081
我不是乖巧的女生？ 085
男友不是妳的生活重心 090
信任不是盲從 095
都是第三者的錯？ 099
愛情，只是一道甜點！ 103

PART 4
寫給30幾歲的妳：成爲一個「値得更好」的女人

完美女友強迫症 108
不能跟男友說的話 112
好男人在哪裡？ 116
愛情裡的公平正義 121

contents

同情不是愛情 125
感謝舊情人 130
Mr.Right 134
妳要失敗的感情，還是失敗的人生？ 140

PART 5
10種妳不應該愛的男人

黃金單身玩咖男 144
我愛上了萬人迷 148
男人的少女情結 152
假宅男，真色狼 160
我男友說，他沒有女朋友 164
晚上十一點以後才會打給妳的男人 174
妳愛他，還是愛他的職業？ 180
情深意重前男友 186
以愛為名的牢籠 190
無法開口說分手的人 194

contents

PART 6

存款簿比男人可靠，女人一定要有錢！

敗犬一定要有錢 200

男人不能窮，女人不能有錢？ 204

我不是千金小姐 208

男友給的零用錢 212

豪門媳婦真幸福？ 216

貴婦病 225

女人願意為愛放棄事業？ 229

PART 7

活到老，正到老！人生現在才開始！

妳要快樂 234

安全感 238

好命是一種生活態度 242

30歲的生日願望 247

前言

一開始要說：「我30歲了！」需要鼓起勇氣，後來我發現，我一點也不害羞，反而覺得很驕傲。

寫這本書，是要獻給許多20幾歲、曾經跟我一樣迷惘的女孩，以及跨越30歲後、跟我一樣努力的女人。我們在這段過程中，該怎麼思考我們自己的人生？

兩年前我的第一本書《我是女王：那些好女孩不懂的事》出版，第二本書《我是女王2：那些壞男人教我的事》緊接著出版，很幸運的我成功的成爲許多人眼中新一代的兩性作家。但是也因爲這樣的期許和壓力，我花了很多時間去適應我越來越多采多姿的工作。

經歷了這些年的迅速成長，回頭看前兩本書，我25歲時寫的那些文章，我發現，我變得跟以前不一樣了。

以前的我像是個女孩，現在的我，經歷和成長讓我成為一個女人。以前總是帶著刺、不斷批判、直率的說出自己的意見；現在更懂得思考、體貼、設身處地，更成熟的看待人事物的觀點和想法。經歷邁入30歲的階段，和現在30後有了和20幾歲的我不同的體悟，這些過程我很想分享給那些曾經跟我一樣迷惘困惑的女孩。

當年的我，從沒想過，過了30的我會過得比過去更快樂、更有自信。20幾歲的我以為30歲就要邁入一個黑暗世界；但沒想到，我過了30後，才找到自己的一片天空和陽光，才開始發光發熱。

30以前的我總覺得要早點結婚生子，趕著搭上列車才會「不出錯」；但是30以後的我，突然改變了想法，我不趕著搭列車，追隨著別人訂的時刻表。我想要自己開車，去認真的欣賞人生的風景。或許比較麻煩、比較累、比較冒險，但是，我只想要自己掌握人生的方向盤。

兩年來，持續在Blog發表作品，也意外的出版一本旅遊書《女王·i曼谷》開啓了旅遊寫作的路線，我的人生眞是充滿了意外與好事！現在也會繼續寫旅遊的文章著作，但始終念念不忘的就是我的兩性書系列，距離上一本已有兩年的時間，以一個作家來說實在是拖了太久，也有很多讀者紛紛詢問與期待。

但是，我並不是想當一個多產作家，我也沒這個能耐。這兩年的時間，我一直在蛻變成長，因為工作不斷磨練自己，也看了更多、想了更多。決定在30歲寫這樣的一本書，也是紀念與代表我寫兩性作品的一個里程碑。

台灣有許多兩性書籍，但我一直覺得缺乏一本替20幾歲這個族群的女生寫的成長書，或是一位可以站在這個年紀、階段和位置的作者，能將心比心的寫給她們的一本勵志書。告訴身邊的女孩們要怎麼在台灣這個社會中，面對年齡壓力、突破別人給的包袱，在這個新時代能做一個自信、快樂並活出自我的新女性。

每一次在演講中接觸讀者，看著她們多麼需要幫助與鼓勵的眼神，她們的支持都讓我覺得，我一定要做一個能夠讓更多女人快樂的作家。

寫作，是我的使命。當一個能夠付出、愛人，讓別人快樂的人，讓我的人生更有意義。我並不是特別聰明的女人，我並沒有比妳們特別。所以我能說，妳們經歷過的我也經歷過，我們都一樣受過傷、跌過跤，我們都努力的尋找愛、相信愛，也認眞的愛著、生活著。我們都是一樣的女人，所以我願意用心寫作分享，讓我們都可以成爲更好的女人！

感謝妳們一直以來的支持，讓我能不斷的寫下去。

希望每一個女孩、女人，都要快樂，希望妳們信心滿滿的開始讀這本書！

同時也希望男人藉著這本書懂得女人，懂得做一位好男人。

當一個愛得值得，也值得被愛的人！

Part 1

敗犬女王？
女人30向前走

自信是永不褪色的美麗，
沒有自信的女人，即使長得再美也經不起時間考驗，
一直否定自己的女人，也會阻礙自己往好命的方向走。
吹了30歲的生日蠟燭後，我感動自己邁向另一個階段的人生，
而我相信我的人生會往更好的方向、更棒的未來走下去！
女人30，現在的妳我才正要開始發光發熱！

當我吹了30歲的蠟燭之後

「女人過了30歲就會越來越沒有身價！」
「女人年紀到了，再不結婚就會沒有人要，嫁不出去！」
「女人到了3字頭，party就結束了！」
「怎麼辦，過了30歲是不是就變成老女人了？」

老實說，在兩三年以前，我很怕自己年紀要到了30大關，就像很多女生一樣，害怕自己脫離2字頭，變成3字頭的老女人。25歲以前，還覺得自己有揮霍不完的青春；25歲以後，突然發現時光飛逝比想像中還快，一下子，就要面臨3字頭的考驗，尤其在29歲的時候就像數著饅頭過日子。很多女生每一年生日都插上問號的蠟燭，害怕面對自己的年紀，深怕插上的數字越來越大，這是許多女生共同的恐慌。

就像很多人說，女人一到30好像就瞬間變老了，再也不是20幾歲，甚至有人以「party結束了！」來形容女人30。就像幾年前我看到《敗犬的遠吠》這本日本翻譯書，我還會忿忿不

平的說：「為什麼未婚就要當敗犬？」

但是過了這兩年，精確的說是在我二〇〇七年出書後，生活經過了很大的改變、人生突然瞬間成長後，在這兩年多的時間，我覺得自己改變了好多。20幾歲和30歲的我，對很多事情和價值觀有了更不同的看法，如果要用一句話來說，我覺得我自己變得很自在坦然、輕鬆又舒服的面對很多事情。

然後，我突然發現，以前恐懼3字頭、害怕變老的我，居然一點也不害怕30歲那天的來臨，以前討厭別人嘲笑未婚的女生是敗犬、年紀大的女生會沒有人要，現在居然一點都再也不會生氣了，反而一笑置之又坦然的說：「對！我就是30歲了！」我不會隱瞞自己的年紀，也不介意別人覺得我老了這個事實。

以前的我，一直想著30歲以前要結婚、把自己嫁掉，但是現在居然樂於享受單身敗犬的生活，不把婚姻當做壓迫自己的理由；也不再把年紀、結婚當做給自己的壓力。

這兩年來，我所經歷的事情讓我整個想法改變了。我變得更有自信、更豁達，更自在樂觀的面對所有女人會在社會上面臨的考驗。就像我開始很坦然的面對自己即將「變老」這個事實，我很感謝自己有了變老的這個過程，我覺得自己每一年都沒有白活，每一年回頭看都覺得自己變得更好，那麼，我花了這些歲月和時間，才是這麼的有價值。

所以，有人會說，女人過了30身價下跌，我的一切都變得比年輕的時候更好，我反而覺得我的身價越來越好。我變得比過去更好看（老實說我以前真的長得不好看，25歲以前的長

相靠運氣，25歲以後長相眞的是要靠後天努力和個性修養），比過去的我更有自信、更圓融、更有工作和生活經驗、更懂得自己要的是什麼、不要的是什麼，更磨練了自己的銳氣、也更懂得體諒別人、謙虛待人，更了解這個世界……我覺得自己像海綿一樣的不斷快速吸收成長。

身價就好像可以陳年的酒，並不是每一種酒都經得起陳年的。有的酒剛開瓶的時候有甜美的氣泡，但是不馬上喝了它，過沒多久氣泡沒了，變成過甜過膩像糖水一樣沒有了價值。有的酒一開瓶時喝不出它的風味，還帶點澀，但是放久了以後發現散出了陣陣香氣，放越久越好喝。妳的身價是即開即飲的廉價酒，還是經得起陳年的好酒？

過了30後，我對一切事情的想法不同了。我在意的不再是別人如何評價我，而是我如何評價自己。當我可以變成更有價値的人，別人也會更懂得尊重我、重視我，一個人的價値應該是自己去定義，而不是交給別人去評價。而且我覺得最重要的是，人生沒有太多時間浪費在沒有意義的人事物上，一定要學會分辨什麼是「値得」的事，因此，我學會了什麼該珍惜，什麼該放下，什麼該不放心上。

現在若提到「敗犬」一詞（剛好電視劇「敗犬女王」的關係，這詞又紅了），我不會像以前那樣不悅，我反而可以笑笑的說：「對啊！我是敗犬，有自信，我很快樂！」

我不必像大部分的人一樣活在別人給的框架下讓自己恐慌，因爲，我很坦然的喜歡自己現在的狀況；我不會因爲沒人愛而否定自己，不會因爲嫁不出去而覺得自己滯銷（老實說我

覺得「嫁不出去」這個詞很詭異，因爲要嫁很容易，把自己戳瞎就好了，更何況很多人的老公眞的就算送我樂透頭獎獎金我都不敢嫁）；當然，我也不會因爲自己要變老就開始唉聲嘆氣、自暴自棄，然後每天哀怨「好男人死去哪？」「爲什麼男人愛小妹妹？」「我老了沒有競爭力怎麼辦？」「再不找個對象嫁一嫁，以後會不會沒人要？」……

天啊！這種女人，就算年輕時長得再美，也會瞬間變老變醜，變得憤世嫉俗、言語乏味、面目可憎，而且靠近她就彷彿烏雲罩頂、運勢變差。沒有自信的女人即使長得再美也不可愛，一直否定自己的女人，也會阻礙自己往好命的方向走。

我眞的覺得，我們可以用另一個角度看自己啊！面對自己的年齡，一點也不羞恥。男人可以越老越有身價，爲何我們女人不能讓自己越老越正、越老越聰明、越老越有身價呢?!

吹了30歲的生日蠟燭後，我感動自己邁向另一個階段的人生，而我相信我的人生會往更好的方向、更棒的未來走下去！

20幾歲犯過的錯誤，30幾歲不會再犯，20幾歲跌倒過、失敗過的眼淚，30幾歲讓我更加堅強勇敢；感謝過去的我所付出、嘗試過的一切，讓我可以不斷的成長、進步，從過去一個傻傻的女孩，未來成爲一位更好的女人。

我的人生從30歲開始大步前進，沒有一個人可以告訴妳：「妳的舞台沒有了，如果妳還不結婚，妳的身價就會開始變低了，因爲妳已經是30歲的女人。」

女人30才開始，現在的妳，才能自信從容、蓄勢待發的站上人生舞台，所有的燈光打亮

了妳的眼睛，妳準備了20幾年才努力得來的肯定和自信，妳所經歷的人生讓妳的眼神發光，這一刻妳再也不會害怕，這是妳的歲月帶給妳最好的禮物。

女人30，現在的妳才正要開始發光發熱！

你浪費了我的青春？

很多女生和男友愛情長跑多年卻沒有結果，忍不住抱怨對方：「你浪費了我的青春！」但，女人的價值只有建立在青春上嗎？如果把戀愛的結果看得比過程重要，那麼妳怎能確定，好的結果一定是結婚而不是分手？

有個女生跟交往多年的男友分手後，生氣的說：「你爲什麼要耽誤我的青春？」原來是她跟男友逼婚，可惜男友並沒有準備結婚的打算，在一起多年後女生已經年過30，眼看身邊的朋友個個步入禮堂，每次參加完朋友的婚禮都期待自己就是下一個新娘，無奈男友始終以「我還沒準備好」當做理由，最後她從失望到放棄到分手，她說：「我很不甘心，我跟他在一起超過五年，人生最精華的時間都給了他，最後卻換來這樣的結果，如果他不想結婚，爲什麼不早說，爲什麼要浪費我的青春？」

說眞的，我已經聽過不少女人這樣說過，很多人都說，這是男人的錯，男人不應該耽誤

女人的青春，讓女人錯過「黃金時段」找到好對象，等到錯過了好時段，就像過季拍賣，只好一直降價求售，然後她們覺得錯過「黃金時段」以至於錯過好對象、好姻緣，千錯萬錯都是男人的錯，她們說：「不要耽誤我的青春！」

她們覺得自己的時間、生命比男人珍貴，我一直不懂的是：「難道男人花的時間就不是時間，妳的時間就是時間？」

難道妳認為，他不「耽誤」妳的青春，妳就可以擁有更好的人生？

之前去香港的時候，我在機場候機時逛了書店，很高興看到自己的書，然後隨手拿起一本香港某作者探討兩性的書，其中一篇也討論到這個話題，更辛辣的是這一句：「我有一位對女人有更深認識的男同性戀朋友很有智慧的指出，這些埋怨被男人耽誤青春的女人，其實就算沒有男人耽誤她，她們的青春多半是白活的。她們應該慶幸她們找到一個男人分享她們原本白過的青春。」

我看到的時候，有點傻住，忍不住讚嘆居然有這麼坦白又賤嘴的告白。後來我想了很久，我開始在思考什麼是「耽誤的青春」、什麼是「白活的青春」，而我們又是怎麼看待自己的人生？

我不懂的是，為什麼很多女人要把自己當成「滯銷商品」，有人摸了一下就要強迫買回家，或是問了半天不買、用了半天不買，妳就要怪人：「你不是說要買的，為什麼不買？」但是，有誰規定顧客一定要買單？而且，為什麼妳把自己當商品，為什麼決定要不要買的不是

妳而是他？爲什麼妳要把自己當成強迫推銷、降價促銷的商品？爲什麼妳不能自己當老闆，賣不賣還要他來求妳？爲什麼妳把自己當成有「保存期限」的商品，過期了就只好出清？

爲什麼，妳要把自己當滯銷品？

妳也可以當消費者，妳也可以選擇，爲什麼妳要被選擇？妳也可以當老闆，妳也可以貨比三家，妳也可以有更多選擇權，我不懂的是，爲什麼妳要用「滯銷品」的眼光看自己？

老實說，要是我是男人，要我摸一下就要買單，我也會跑得比誰都快。況且，承諾要買跟會不會買本來就是兩回事，**承諾願意跟妳結婚，也不代表會給妳幸福的一生。**當然，承諾、願意負責很重要，至少願意開口還算有擔當，可是，相信承諾就代表幸福快樂的人，或許也必須努力扮演著幸福快樂來說服自己，這是正確的選擇。

或許到了一個年紀，「以結婚爲前提」的交往變得越來越重要，我不否認我也曾有這樣的想法，我當然希望找到一個可以一起生活的伴侶，我的心態也老了，也不想在一段一段感情中不斷的跌倒又要爬起來，但是，能找到和妳有「共識」的人，不代表他就一定不能離開妳，妳就不能離開他。

畢竟「以結婚爲前提」並不是「以逼婚爲前提」，**如果把戀愛的結果看得比過程重要，那麼妳怎能確定，好的結果一定是結婚而不是分手？**

妳也可以換個角度看自己的青春，妳也可以讓自己越老越有身價，讓自己的價值是經得起時間考驗的，而不是用「沒身價」來把自己當成滯銷品出清。當妳用這樣的態度來看自

己，別人也不會尊重妳。如果妳怕別人耽誤妳的青春，那麼我更覺得，是妳的態度讓自己耽誤了自己的青春。

妳要過怎樣的人生，那是妳自己的事，爲什麼別人的承諾、負責，就一定讓妳的青春更有價值？如果他沒有承諾、不負責，就讓妳的青春白活、讓妳失去價值，那麼，妳的價值究竟建立在哪裡？

當然，妳會怪別人欺騙，如果不打算結婚爲什麼要浪費妳的青春？但是，回想過去那些不愉快的戀情，妳會寧可感謝他浪費妳的青春，而不是繼續在一起耽誤妳未來的人生。

如果妳把自己當滯銷品，當然總會吸引貪小便宜的男人；如果妳把自己當過期商品，自然會遇到看標籤買新鮮貨的男人；如果妳把自己當瑕疵品，當然男人會用瑕疵價看輕妳；如果妳強迫推銷，可能遇到一時衝動又事後反悔的人……

如果妳的人生因爲男人不願意負責而白活，那麼，妳才是白活了自己的人生。而那些不願意承諾的男人，他們不是不想結婚，只是不想跟妳結婚。

老實說，他不想結婚，妳也不一定要跟他結婚。他敢娶妳，妳也不一定敢嫁給他吧?!

我寧可浪費我的青春，也不願你耽誤我的人生。

不要浪費青春，所以要結婚？

如果覺得自己浪費的青春只會讓自己越來越沒有價值，那麼，妳該想想，難道妳的價值只剩下青春嗎？如果妳值錢的只有青春，那麼我希望，妳早日找到願意買單的人。

有個女生朋友想和交往多年論及婚嫁的男友分手，她的母親反對：「在一起那麼久了，不結婚豈不是很浪費？」

女生很悶的說：「就當過去浪費了五年沒關係，我不希望未來的五十年都不快樂啊！」

我聽著朋友說的話，想著「不結婚就等於浪費青春」的邏輯，所以說，在一起久了就要結婚才不會浪費過去的時間，於是乎，我們因為不要浪費過去所花的時間，所以不管彼此有什麼問題都要抱著「不浪費所以硬要湊成對」的心態，才不枉女方浪費的青春。浪費了可惜，硬湊合至少給彼此一個「交代」。

但是，這種「害怕可惜」與「不要浪費」的「節儉就是美德」心態，用在感情上著實詭異。

我反而希望，我的朋友趕快割捨那過去的五年，去創造下一個幸福的五十年。而且我相信，她若不與男方結婚，她一定可以找到更好的男生。

很多人在一起久了，會繼續在一起的原因並不是兩人多相愛，而是「因為在一起久了，沒有繼續在一起很可惜」；很多人結婚，並不一定是兩人多麼希望對方是自己的另一半，而是「因為交往多年了，沒有結婚很奇怪」，所以他們繼續在一起、結了婚，盡了該盡的責任義務，給了大家一個圓滿的交代後，開始不知足、不快樂。

日前看了ELLE雜誌陶子姐的專欄，也剛好寫到類似的故事。她有兩個與男友交往超過八年、十年的女友，最後為了自己的理想和事業與男人分手。於是我也觀察到，過去常聽到女人要求男人「不要耽誤她的青春」而希望男人與她結婚，但現在卻常聽到女人因為「不希望男人繼續耽誤她的青春」而與他分手。

過去的女人害怕對方浪費自己逝去的時間，現在的女人反而害怕男人浪費她未來的時間。一樣的「耽誤青春」卻有不一樣的解讀和想法。

有個女性朋友和論及婚嫁的男友分手，原因是她的工作表現傑出獲得升遷的機會，本來埋怨她太忙碌的男友跳出來第一個反對，怕她太忙婚後沒有時間照顧家庭，常要加班出差無法擔任一個好妻子、好太太。

女生說：「我這麼辛苦工作，到底是為誰辛苦為誰忙啊？還不是為了婚後可以有更好的生活，他忙我可以體諒，為何我忙他就不能體諒？他有本事讓我當貴婦，我也可以不要這麼

忙啊！」最後她選擇了夢想的升遷機會，讓自己的生活更開闊，然後交往了另一個格局更大的男人。

另一個女生原本計畫和男友一起購屋準備結婚，卻發現男友根本沒有用心把它當一回事，幾次看屋都不想陪同，也對未來的計畫拖了又拖。最後女生受不了，決定不跟男友一起購屋，靠自己買下她喜歡的房子。旁人說：「難道妳不勸勸男友一起跟妳買房嗎？兩個人負擔房貸總比一個人好。」

我反而覺得，還好她沒有跟男友一起合資買房，至少分手後房子還是自己的，也免除了還要跟男方分錢算帳的麻煩。男女朋友在婚前本來就不應該有任何金錢上的糾葛，最好婚後也不要有，人總是翻臉比翻書快，有血緣關係的都可以爲了爭產反目，更何況是隨時都可能分手的情侶。

她說：「就算我辛苦一點付房貸，那也是我自己的房子。我不想再去要求他了！」不再一直等著男人一拖再拖的未來計畫，不再等著男人何時 ready 準備結婚、何時才願意一起買房，不再等待、不再求人。現在的她，更擁有了未來的自主權與決定權。

另一個女生告訴我：「過去我總是習慣同居，換一個男人搬一次家，現在買了自己的房子，我不知如何跟妳形容，有一天我從我家醒來時的踏實與安全感是多麼讓我激動！」

我想到，許多人總要對方爲自己浪費的青春負責，但是，對方不也花了同樣的青春和時間，如果彼此都曾經用心付出過，爲何要把這段時間當成「浪費」？

爲何妳總要對方爲妳負責，而妳不必對自己負責？

我曾經也談過一段很多年的感情，每次提到時，別人總是目瞪口呆的說：「妳不可惜嗎？」我一點也不可惜啊，如果因爲這樣我就踏入禮堂，我才覺得可惜了。不是對方不好，而是我相信我的人生除了踏入禮堂外，還有更多我想做、我必須做，我想實現、完成的事情。而這些事情不是要年紀輕輕的就找到白馬王子從此過著幸福快樂的人生，而是「我不需要一位白馬王子來拯救我的人生」。

沒有「開花結果」的愛情不必否定，也不一定沒有它的意義和價值。而是每一段經歷中，妳得到了什麼，妳是不是讓自己越變越好，才不枉費這些日子妳的努力。如果覺得自己浪費的青春只會讓自己越來越沒有價值，那麼，妳該想想，難道妳的價值只剩下青春嗎？

如果妳値錢的只有青春，那麼我希望，妳早日找到願意買單的人。

如果因爲和一個人交往許久卻沒有開花結果而感到可惜，或許轉念一想，這對妳人生來說是個更好的決定。多年後妳一定會慶幸，還好當時你們做了這個決定。

朋友問：「難道妳不害怕交往多年的男友離開妳嗎？」或許過去，我眞的會害怕。但是現在，我一點也不怕了，因爲我相信，不管任何事情發生在我身上，未來一定都是好事！我一直相信著。

謝謝那些我愛過、愛過我、我愛著的人……

我從沒有浪費過我的青春，我擁有的是更豐富的人生。

當奉子成婚成爲一股風潮

願意負責跟妳結婚和願意負責給妳幸福的一生，是兩回事。
對自己負責，絕對比找到願意對妳負責的男人，還要重要！

現在很流行奉子成婚，女王我這一兩年也吃了好幾場奉子成婚的喜酒……我發現甚至高達有七八成都是奉子成婚，多到讓我懷疑：「如果沒有懷孕，是不是很多人就不會結婚了？」

每當有人問我對先懷孕再結婚的看法，我都會說：「那是美麗的意外，不過我不是一個喜歡意外的人。」而且務實一點想，大肚子穿禮服不好看，結婚後也很難度蜜月，還沒來得及享受夫妻生活，就要開始過父母生活……

美麗的意外，當然有可能是幸福故事的開端，但是意外無法掌握的變數太多，把幸福壓寶在意外上，風險眞的太高。更何況，這不只是妳自己的人生，也是另一個生命的人生。

我最喜歡的影集「慾望城市」裡，最令我錯愕的劇情就是米蘭達意外的懷孕到決定生下來當單親媽媽，雖然最後她還是與男友結婚，也算是滿足了觀衆對「完美結局」的期待。但

因爲意外生子，人生有太多措手不及的事必須去面對，戲劇是戲劇，現實生活並不是每個女人都能在意外懷孕生子後還能兼顧成功事業和生活品質，以及因爲生子而得來的美滿婚姻。

當然，我們都會認同因爲懷孕結婚是雙喜臨門，我發現身邊很多人交往若不是因爲懷孕，還眞的不會想結婚。我們當然會替女生找到有責任感的好男人感到開心，但我覺得肯負責跟妳結婚和肯負責給妳幸福的一生，又是兩回事。

我認識好幾個因爲奉子成婚的男人，雖然表面上還是大家認同的負責任好男人，但是其實他們根本還沒有準備好去扮演一個老公、爸爸，和家庭重擔的角色。有的男人會抱怨自己的人生就這樣結束了（爲什麼人生是結束不是開始？我也搞不清楚），有的男人還是想玩、有的甚至小孩出生後馬上可以搞外遇。當然，好的男人也是不少，但是男人與女人比較起來，不甘願的總是比較多。

他們願意在當下負責，不代表他能夠永遠盡責。

以前總是聽過女人的說法是，生一個小孩就可以綁住男人。可惜現實是，妳可以綁住一個男人的腳，也不代表可以綁住他的心。我倒覺得，與其希望因爲意外生子而能擁有結婚證書或是幸福美滿的生活，與其把後半輩子的賭注都壓在意外來臨的生命，不如做個更能百分百掌握自己人生的聰明女人。

其實，在奉子成婚的喜訊滿天飛之下，我相信這世界上有更多人是因爲意外懷孕而不得不選擇墮胎的悲劇。每當我聽到這些不開心的故事，我都好想跟她們講：「請妳好好尊重、

愛惜自己的身體。」事實上數據顯示，現在的墮胎數其實遠高於人口出生數。

後來我才發現，現在女性對於避孕知識的了解眞的不夠，很多人甚至不清楚自己的生理周期。在網路上也常看到許多人討論各式各樣千奇古怪的避孕方法。我覺得避孕知識，不只是女生，男生也要好好學習。不要再因爲「無知」而讓更多年輕人受傷害。

對於身心成熟的成年人來說，奉子成婚是更愼重的承諾，不只是婚約，更是組成一個家庭的責任。我非常喜歡看到朋友因爲孩子，眼神綻放出來的愛與光芒，我替他們感到開心，每當我去喝喜酒總是常被氣氛感動到偷偷拭淚。

但是回到現實面，我仍是一個不夠浪漫且重視計畫的人，我不買樂透、不賭博、不相信命運、不喜歡意外，更不喜歡不能掌控的人生。

對我來說，許多的決定都不只影響自己，也影響別人的一生。所以，不必讓上帝來決定妳的命運，請讓自己來決定自己的人生，決定什麼時候想生孩子。

我更希望我是什麼都準備好了，人生有足夠的經歷與閱歷後，再邁入下一個階段。我不希望將來對我的孩子抱怨說，都是因爲你的出生讓我犧牲我的人生。那麼對孩子來說，實在太不公平！

不管妳什麼時候想生、什麼時候想結婚，什麼時候準備好邁入下一步人生，都要記住：「請對自己的身體負責！」

對自己負責，絕對比找到願意對妳負責的男人，還要重要！

台灣女人在社會上面臨的十大壓力

女人們站起來！我相信從現在到未來，我們可以不斷的靠自己的努力去克服這些壓力，我們可以更有自信、更聰明、更有能力，可以創造自己的命運，活出自己的一片天！

爲了了解現在女性容易遇到的問題，我曾在網路上開放讀者留言討論，身爲女性，她們面臨最大的社會壓力、不平等、困境和挑戰是什麼？瞬間獲得三百多位女性讀者的留言，也讓我藉此明白許多女人的共同問題和困擾。

我發現，現在的女性，單身的、適婚年齡未婚者，以及已婚的女性個別面對了許多社會家庭生活上的壓力和問題，而且很妙的是，這些問題也幾乎不會出現在男人身上。也感嘆雖然時代一直進步，但是很多時候大家還是有著根深柢固的傳統思想和大男人主義，讓女人在生活、工作、婚姻上面臨許多壓力，當女人不斷的進步，要挑戰、改變，甚至創造自己的命運時，需要付出的勇氣和抵抗外來的壓力的確是很大的。

我將女人所面對的十大壓力整理出來給大家參考，也藉機想跟各位讀者一起思考，當妳

面對這些問題、盲點和不平等時，妳要怎麼去克服自己給自己的心理障礙，以及身邊親友和社會上帶給妳的壓力。

1 女人30拉警報！過了適婚年齡還沒結婚的壓力

許多長輩以前會說：「女人不管怎樣都只有嫁人這條路，女人的人生成敗就是有沒有嫁對人！」於是，許多女人找不到好工作、生活面對困境很惶恐時，很多家族長輩只會跟妳說找個人嫁就好，但是找個人嫁眞的能解決問題嗎？

小時候看了太多的童話故事，所有快樂的人生結局就是「王子與公主結婚後，從此過著幸福快樂的日子」，於是婚姻成了幸福人生的結局，許多女人覺得只要結了婚，生活的困境和問題都可以有幸福快樂的結局；但是，越抱著這樣的想法越容易婚後發現原來還有更多問題。找到一個人嫁了，根本不是解決問題的方法啊！

許多父母大多都覺得女生終究還是要嫁掉，人生才算完整，不然會被當異類，而且對親友很難交代，也會沒面子。於是爲了給這些對妳人生來說一點也不重要的人「交代」和「面子」，就要逼妳以結婚來封住他們的關心和壓力，這麼做値得嗎？

許多女生抱怨到了適婚年齡就開始有人要自動介紹對象，不勝其擾，彷佛單身就很可悲，一定要有個對象才會快樂。如果妳有了男友，不管是年過30適婚年齡，或和同一個人交

往多年還嫁不掉，通通都得面對旁人的同情眼光。

事實上，很多女生表示，她們看了許多人婚後的生活，並不覺得結了婚的人過得比較開心，她們並不是不想婚，而是不想現在就結婚。她們很滿意自己現在的生活，覺得很開心快樂，爲何別人要來否定她，認定她一定過得不開心、一直爲她操心？

另外，**社會上普遍認爲男人越老越有魅力，女人越老越沒自信**。於是30拉警報的女人害怕自己身價下跌，只能認賠殺出，所以求婚若渴的想要趕快終結單身、擺脫敗犬人生。結婚，只是爲了證明自己有人要，不必惶恐拉警報。我一直不了解，爲何女人在這一點，顯得非常沒自信。難道，女人不能越老越有魅力嗎？女人的價值只有在青春上嗎？

女人30歲未婚沒男友就會被人說是個敗犬、熟女，而男人過了適婚年齡，有穩定工作還不結婚，不管他花不花心都可以被公認爲黃金單身漢，而女人不結婚有時還會被當做單身公害。這眞是不平等的待遇。

不過，新時代的女人不同了。在女人越來越進步、有錢、有能力，視野變得更廣闊之後，也可以跳脫傳統的包袱和壓力，做一個可以「自我認同」的女人。而妳，要屈服這些壓力，還是跨越它呢？妳的人生，應該由妳自己決定！

2 婚後生小孩的壓力，生男生女也是壓力

很多女人因爲許多老一輩的人的一句話：「**沒有生小孩，女人的人生就不完整。**」而感到害怕，自己的人生因爲沒有生子而殘缺。於是妳可以看到許多女人拚死拚活，就算沒有婚姻也要生一個小孩來使生命更加完整。

另外，女人也容易被「過了幾歲後就很難生小孩」這個壓力而感到恐懼，被自己的生理時鐘逼得喘不過氣。最可怕的就是一直被問何時結婚、何時生小孩，所有的人都在替妳擔心妳的生理條件能否正常運作，妳的卵巢會不會排卵，妳是否生得出小孩，以符合這個社會的需求，但沒有人問過妳：「想不想生？」

但是，妳自己想不想生呢？

另外，「重男輕女」在現在的社會還是普遍存在，女生會被社會觀念、長輩壓力下要求生男生，「傳宗接代」在這世紀居然還存在也令人匪夷所思。所以妳常可以聽到懷了兒子生了兒子的女人四處被恭喜，彷彿她得到了獎盃、脫離了「求子」惡夢，女人的價值還在於生不生得出兒子，眞是令人遺憾。

或許社會不斷改變，傳宗接代的壓力不像過去一般，我也樂見現在的女生可以不必像過去背負這樣沉重的擔子，如果妳沒有這樣的壓力就實在太幸運！我眞的希望「生男生女一樣好」眞的不要只是口號。

女人一定要了解一點：「妳想不想生？」肚皮的決定權在妳身上，而不是在別人的嘴上。

3 女人婚後有小孩在求職上的壓力

許多女性表示，婚後在求職上的確存在著歧視和壓力。甚至未婚的女生在求職時，會被問到「有沒有男友？」「計畫何時結婚？」「現在有生小孩的打算嗎？」，如果即將結婚或生子，就會比較難找到工作。

甚至有的女人懷孕後也會被迫犧牲掉工作，表面上說的是平等和尊重，但是很多女性表示，在職場上還是有不平等之處。有的女人有了小孩後，還要當職業婦女，如果太常為了小孩的事請假，公司也會有微詞。這一點女性的犧牲眞的比較大，比較少看到男人有此困擾。有了小孩似乎女生需要讓步的空間變大，人家也都會認定「顧好家庭和小孩」是女人應盡的義務，而不是男人。即使是雙薪家庭也是如此。

所以婚後有小孩還要工作的女性，眞的比較辛苦！

4 工作能力太強就會被說是個工作狂、男人婆

傳統觀念裡，女人永遠不行強過男性們，但是在現在，女人受到的教育和女人的能力也不輸男人，女人越來越進步的情況下，在職場有許多傑出女性的表現甚至勝過男人。

但是，如果一個女人已婚後事業心強，別人會關心她能不能照顧好家庭；如果一個女人

未婚、事業又好，別人會說都是因爲她是工作狂所以找不到老公。如果一個女人沒有男朋友會被笑稱老處女；女人在工作上強勢又被稱男人婆，這樣不平等的對待眞的很過分。

如果一個男人阻礙妳發展，不支持妳的工作事業，說來說去還是他沒自信，怕妳的風采搶過他，能力比他強。這樣的人要來損妳，妳大可一笑置之。

能力太強應該是妳的優點，而不是別人拿來壓迫妳的理由，更何況，女人工作能力強，在應變溝通上更懂得協調轉圜。還有朋友笑稱，如果女人沒有家庭的壓力，在各方面都會表現得比男人傑出，只是大多數女人會犧牲工作來成就家庭。

不要怕那些嫉妒妳的人給妳壓力，好好的做好自己、表現自己，當妳可以成爲一位工作生活和外貌都一流的女生，男人以及社會都會懂得尊敬妳。

會批評妳的人都是不如妳的人，既然如此，又何必跟Loser計較呢？

5 男生追女生是追求，女人追男人是「倒追」

「男追女隔層窗，女追男隔層紗」，於是許多女人一直覺得主動一點會顯得隨便，主動追男生還被當做「倒追」，一點身價也沒有。

但是，我一直對「倒追」一詞非常感冒，爲何男追女就是正常，女追男就是「自貶身價、隨便、倒貼」？而「倒貼」一詞又是非常的不尊重女生。難道男生追女生做的事情就不

是「倒貼」嗎？有比較高尙嗎？爲何要稱女生倒貼而不是稱男生倒貼？

試著想想其中的詭異之處，如果妳身爲女人還認同女追男是「倒追」，女生主動是「倒貼」，我覺得妳眞的是甘願被貶又自己來侮辱自己！

如果一個男人覺得妳主動一點就不尊重妳、覺得妳隨便，基本上這種男人我們就直接fire他吧！何必被一個不懂得尊重女生的男生來糟蹋我們的價值。懂得愛妳、尊重妳的男生，絕不可能會覺得妳是倒追、倒貼，他好好珍惜妳都來不及了，不是嗎？

6 男人花心是風流，女人花心是淫蕩

男人出軌可以說是「犯了全天下男人犯的錯」「一時迷惑」，第三者永遠被稱爲狐狸精。男人劈腿被人說是天性，女人就是紅杏出牆、水性楊花。男人有三妻四妾、有許多鶯鶯燕燕，人家會說因爲他有魅力，而女人有幾個男友、多了幾個男生搞曖昧（還不用到三妻四妾），就會被批評爲淫蕩、不檢點、隨便，眞是大大的不公平！

我覺得最重要的一點是，女人眞的要站起來，不要愛上風流的男人又給他找這麼多藉口不斷的原諒男人的錯……怪男人風流，爲何妳又總是愛上沒有責任感、愛劈腿的男人呢？這個社會上不斷的播放男人花心是天生、娶小老婆是有錢的象徵，男人有成就就有女人主動獻身，讓許多人把這些歪理當做是價值觀。

一樣的花心，不應該有兩樣的評價。

7 已婚外遇，男人比較容易被原諒

爲什麼男人搞外遇，老婆要告第三者，第三者被罵狐狸精，大家也認爲，男人就是如此，老婆通常會原諒男人；但如果是女人外遇就比較難以原諒，女人離了婚要再嫁就很難，男人卻很容易，身爲女人，難道就是不平等？

令人訝異的是，許多外遇事件發生，被窮追猛打的不是男主角，而是第三者。男人說聲抱歉，回到依然會接納他的家庭，女人的人生，或許就這樣毀了。一樣的外遇事件，女人跟男人比起來，女人付出的代價太龐大。

其實一直以來，外遇事件對男女是不公平的。有的男人可以說「犯了全天下男人都會犯的錯」，依然不影響他的家庭和工作，有的還會要老婆現身力挺，男人爲了事業和前途寧願糟蹋老婆尊嚴，說什麼也要老婆忍氣吞聲以大局爲重。

有的人可能因外遇丟了飯碗，但大部分的男人依然可以回歸家庭，許多人總勸女人說，男人偶爾風流、在外逢場作戲，女人睜一隻眼閉一隻眼就好。

但是女人就不同，女人大多可以原諒外遇的老公，但男人很少有這等雅量可以接納外遇的老婆。女人外遇，即使不是被拍到開房間或在外偷生小孩這麼嚴重的事情，就算只是牽了

手，也會丟了工作和家庭，四處被封殺。弔詭的是，那個牽她手的第三者卻不受影響，置身事外，依然可以正常工作。

常看到許多外遇抓姦的新聞，許多女人抓姦後大多只告第三者，而不告自己的老公。婚外情，男女都有錯，但是，這個社會永遠都會先指責第三者，而不是犯錯的男人，大家怪狐狸精，勝過責怪自己的另一半。但是，**男人若硬不起來，誰能強暴他？**

我問到許多朋友，爲什麼一樣的外遇事件，但是對男方和女方的傷害程度和影響不一樣？許多人同意，因爲從以前到現在，大家說「男人逢場作戲」本是理所當然，男人會犯「全天下男人都會犯的錯」本是天性，男人有魅力就是會風流。就算一個男人犯再多的錯，還是有女人願意原諒他的「一時迷惑」，還是有女人願意一直默默守候。

我相信以離婚率這麼高的現在社會，願意默默守候原諒的女人也越來越少，但是，在外遇事件上，女人面對的評語和壓力的確和男人不同。

8 已婚婦女兼顧工作和家庭，蠟燭兩頭燒！

許多已婚婦女抱怨，婚後要兼顧工作和家庭的職業婦女，在傳統思想「男主外，女主內」的一般觀念裡，女生就要顧家、帶小孩、做家事、煮飯，或再加上工作。而，男生就只要工作就好，不必把這些事情當做自己分內的義務。

東方文化中，女人要以家庭爲重，要爲家庭小孩委曲求全，而男人則不需要。尤其婚後大部分女生必須去融入婆家的生活習慣，去遷就配合，很多先生也視之爲理所當然，但是同樣願意遷就配合女方家庭的男生就很少了。

大部分婚後的女人要犧牲、要放棄、要妥協的部分比男人多很多。這一點其實我覺得女人比較偉大的地方是，很多女人並不會要求男人要犧牲妥協配合，她們會盡量減少老公的負擔和麻煩，但是久而久之，男人就會覺得理所當然。

曾聽過朋友說，婚前要看一個男人好不好，最好帶他來參加妳的家庭聚會，而且是越冗長、越累人的越好。看看他是不是願意爲了妳忍受家人的習慣禮儀，會不會體貼妳也一併體貼妳的家人，而且願意配合妳。這種男人比較不自私，婚後也比較會對妳家人好，才能嫁！

女人負擔的工作、家庭壓力而使得蠟燭兩頭燒眞的很累，偉大的各位女性，有時候也要男人來體驗、了解妳的辛苦，畢竟，這不應該只是妳一個人的責任！

9 廣告和商品過於物化、消費女性

每天打開電視、翻開報紙、連上網路，總是看到「正妹」兩個關鍵字。

也就是說正妹、正妹、正妹……各式各樣的正妹已經塡滿了我們的媒體，成爲搜尋關鍵字第一名、現在社會的顯學、人們開口閉口的話題。哪裡有正妹就要鏡頭和畫面，哪裡有

正妹大家就往哪裡衝，不管任何職業只要冠上正妹XX（例如正妹醫生、正妹廚師、正妹店員……）就成了最值得曝光的話題，於是乎，正妹已經成爲最新的「台灣經濟奇蹟」，只要掛上正妹就有人潮錢潮。

在媒體不斷以正妹爲標題作報導，網路不斷拿正妹來吸睛，正妹成了顯學，於是許多男生遇到任何人事物都以「正妹」作爲標準，整天開口閉口都是正妹，造成許多女生反感。另外，社會上充斥物化女性的電玩和廣告，報刊更以偷窺角度看待女體，到處都是乳溝、曝光照消遣女人，犯罪報導方向越來越灑狗血，這些長期扭曲的兩性觀點讓青少年看待女生的方式也變得輕浮、不尊重。

廣告傳達更多扭曲的價值觀，例如喝了飲料會讓胸部變大，讓男人來追妳。或是內衣廣告一直不斷強調胸部大的女人才性感、才有男人愛。減肥廣告不斷歧視肥胖者，只有瘦了身的人生才是成功。好似男人都是笨蛋，只喜歡大胸部的女生，女人都很膚淺，只有身材才能帶來自信。

當我們看著這些報導、廣告、訊息的時後，千萬記得多多思考，不要掉入了不健康的想法和盲從，以及迷思。

女人爲難女人的程度，有時遠比男人爲難女人的程度大很多，雖然說現在時代不同了，女人不再像過去的女人在社經地位居於弱勢，以至於必須被迫接受男人三妻四妾，但是，許多根深柢固的想法還是帶給女人許多壓力。聽到有個女生說，她的老公去大陸出差「犯了天下男人都會犯的錯」，她氣得想離婚，但是她的婆婆卻罵她不懂事、要忍耐點，說來說去還是「女人何苦爲難女人」，仔細看看那些壓迫女人的，也往往是女人。

「女人過了幾歲就很難生」「女人怎麼可以隨便倒貼男生」「女人不用太認眞工作，還是找個人嫁了好」……很多爲難女人的不當觀念，都是來自女人。有時眞的很無奈，許多犯了錯的男人逍遙法外，那是因爲有太多女人互相指責、傷害，卻讓眞正犯錯的男人置身事外。這眞是一件很弔詭的事！

身爲女人，有時眞的很難過的是，爲難妳的通常都是女人；用著父權制度來壓迫妳的，也往往是女人；因爲自己曾經被迫害、被欺負，反過來壓制女人的也都是女人。如果女人願意多爲自己想想、多爲其他女人的處境設身處地想想，或許，我們眞的會過得比較開心。

女人加油！不要總是嘴巴上怪男人怎麼踐踏妳，有時候要反過來想想，妳又爲何要躺在他的腳下？

女人們站起來！我相信從現在到未來，我們可以不斷的靠自己的努力去克服這些壓力，我們可以更有自信、更聰明、更有能力，可以創造自己的命運，活出自己的一片天！

各位女人，一起加油吧！

Part 2

女爲「己悅」而容：20幾歲的美麗是好運，30歲以後的美麗靠努力！

就算明天一覺醒來男人都絕跡了，
我還是會一樣打理自己的外在，提升自己的內在，
我不用在男人面前活著一個樣，在女人面前是另一個樣；
我不是為了取悅男人而活，也不是為了讓別人開心而活。
我為自己而活，我為己悅而容。

女爲己悅而容

就算全世界的男人都死光了，我們還是會繼續讓自己美麗！

古代有名言：「女爲悅己者容。」而現在，我認爲是：「女爲己悅而容。」

「女爲悅己者容」意思是，女生爲了喜歡自己的男生而去裝扮自己、讓自己美麗。而我一直認爲，這句話現在已經要改寫成：「女爲己悅而容。」就是說，女生是爲了讓自己愉悅開心，而讓自己更美麗。

其實這句話，我之前已經在雜誌的專訪中提過，當時採訪的主題是如何做一個快樂的新女性、如何愛自己，我第一句話講的就是「女爲己悅而容」。我覺得現在的女生已經和過去不同，我們更懂得寵愛自己、讓自己快樂，而我們發現我們可以愛自己而不用只等著被愛；我們可以有更多讓自己快樂的方式，而不只是奢望男人能夠爲妳帶來快樂的人生。我們更懂得主宰自己、愛自己、尊重自己，作自己靈魂的主人。

我覺得，現在的女生愛漂亮、讓自己變得更美麗、更有自信，甚至因此過得更快樂的原

因不再是需要藉由男人的肯定，或透過男人的眼光來看自己；我們可以打從心裡愛上自己。因爲讓自己變得更美好而開心，因爲今天很漂亮容光煥發而感到快樂自信，進而散發出獨特魅力。

就像我以前常在文章裡提到「自信」，我覺得有自信、有魅力的女人都是打從心裡愛上自己。並不是一定要多完美、多標準的美女才令妳覺得有魅力，甚至大部分的漂亮女生，妳看久就膩。許多很美但是很沒自信的女生，她們只追求要多瘦、要多像誰，要做多少手術才會更美；他們焦慮不安，嫌棄自己的缺點，她的生活重心只關心她的外表，要變得多正才會有多少男生喜歡她。這種女人，即使變得多美，一開始驚豔，久了令人乏味，並且隨時可以被取代。她沒有魅力，因爲她對自己沒有自信。

反而許多女人，以標準來說一點也不夠美，但是卻讓人被深深吸引，因爲她們喜歡自己，不嫌棄自己的缺點反而變成她最大的特點。她們有自信，她們懂得欣賞眞正的自己，她們坦然展現自己的個性，而不會因爲害怕別人不喜歡她而必須做作僞裝，她們讓人覺得很舒服自在，她們的魅力經得起時間的考驗，而且不能被取代。

我認爲現在的女生和過去（古代）比起來，已經進化到：「我們懂得讓自己美麗自信快樂，而不是爲了取悅男人，因爲我們更懂得取悅自己。」

當我說「女爲己悅而容」後，有些男人嗤之以鼻的說：「不要自欺欺人了，我不相信女人讓自己美麗自信是爲了自己，妳們還不都是爲了男人才打扮自己！」

所以許多廣告我覺得都是男人在拍的，包括要擠奶擠到嚇死人才會吸引男人，沒事蹦奶才叫性感，女人爲了男人減肥整形才會讓他回心轉意，市面上一堆智障的廣告都在教育蠢女人：「妳們變美麗都是爲了吸引男人的眼光。」

但，有些披著女權外衣的人會說：「女人重視外表就是『物化』自己，變成男人眼中的玩物。」我個人覺得這個想法非常過時，那些女人其實比她們口中的男人還要「沙豬」，她們自認什麼都不平等、被剝削，其實是她們自己物化自己，不是別人物化妳。

總是怪別人踐踏妳，那爲什麼躺在別人腳底下？自認爲自己就是弱勢，就代表妳一開始就把自己放在不對的位置。

我有不同於以上的想法，我覺得女人讓自己美麗並不是一定要吸引男人的目光，我們其實是吸引自己。我打扮漂亮讓我一整天覺得自己很正、心情很好，甚至我穿了一件喜歡的內衣、一雙鞋，噴了喜歡的香水，穿了新買的衣服都讓我打從心裡覺得自己很美很快樂，而我做這些事情，獲得這些快樂，並不是爲了一定要去吸引男人。

我們覺得自己很美，而且也相信大家覺得我今天很美，但是，不是爲了別人的肯定。我們需要讚美，但不一定需要肯定。我們跟女生朋友出門會精心打扮，而不是因爲今天沒有跟男友約會就不打扮。

那些以爲女生都是爲了男人眼光而活的「古代人」，我只想跟他們說：「就算全世界的男人都死光了，我們還是會繼續讓自己美麗。」

或許，有些女人的美麗只爲了取悅男人，但對我來說，我更想取悅自己、取悅女人，因爲我知道我的快樂自信不是來自於別人，是來自於我愛我自己。我愛我的外表、我愛我的腦袋，我愛我的身體。

我不怕變老也不怕自己不夠好，不代表我就必須放棄自己，任由自己外在內在不斷退步，再去責怪爲什麼別人不懂欣賞。我曾聽過一個國際知名女星說：「我不怕自己變老，我獲得的智慧和成長是上帝送給我最好的禮物；我不感嘆青春的流逝，我只想讓自己成爲無論幾歲都是這個年紀裡最棒的女人！」我相信，有自信的女人是隨時都覺得自己無論幾歲都是在最好的狀態。

我不喜歡聽女人抱怨老、抱怨沒有好男人、抱怨朋友少，因爲我相信抱怨會成眞，當妳越相信自己有多糟，妳就越不可能會變好。

人不可能完美，即使我遇到別人對我的不完美批評，我通常會一笑置之，我的男生好友說：「唉，我就知道，妳對批評根本不會放在心上。」是啊，我活得好好的何必爲了不夠完美而不開心，我應該開心我已經擁有的。我本來就是這個樣子啊，我不怕我不夠好而沒人愛我，我也不用爲了要別人愛就要改變自己，去成爲一個看似很好卻一點也不像我的人。我很自在，因爲我知道自己有多好多壞，我不用灌水，也不用僞裝，更不用嫌棄自己。

我知道，懂得愛我的人，會讓我更愛自己，會用我愛自己的方式來愛我。他會讓我更有自信，活得更快樂。

就算明天一覺醒來男人都絕跡了，我還是會一樣打理自己的外在，提升自己的內在，我不用在男人面前活著一個樣，在女人面前是另一個樣；我不是爲了取悅男人而活，也不是爲了讓別人開心而活。

我爲自己而活，我爲己悅而容。

男人都愛青春肉體

女人會失去魅力，絕對不是因為變老，女人會失去自信，更不是因為變老……

而是「自卑」和「嫉妒」讓妳變得醜陋。

現在的女人怕老，已經變成一種集體恐懼。

前陣子遇到三個名女人一起聊天，她們都是年紀接近40歲，事業成就和知名度都不小的女人。聊到身邊那些40幾歲的單身男人，她們說：「以前20歲的男人跟20歲的女人戀愛，現在30歲的男人也跟20歲的女人交往，沒想到連40歲的男人也只想跟20幾歲的女人約會。」

「對啊，那天我幫一個45歲的單身男人介紹女朋友，他居然嫌我35歲的女性朋友太老！他說只想跟25歲以下的女生在一起，天啊！也不想想他都可以當她們的爹了！」

「對啊！我老公說，他們這個年紀的男人如果可以跟20出頭的女生約會，簡直羨煞旁人，彷彿重獲青春，超有面子！而且我老公真的在公司有20出頭的小妹妹主動示好，他說現在的小女生都很主動……」

「唉！男人都這樣，不管幾歲都只喜歡年輕小妹妹……」

「哈哈……對了，女王妳這個小妹妹現在幾歲？」接著她們三人轉頭看我。

「我？68年次。」我在旁邊尷尬了一下，我本來不想加入這個話題。

「喔，妳也30歲了吧！那妳就不是年輕小妹妹了，等過幾年後，跟妳年紀一樣大的男生都只會想跟小妳10歲的女生約會。這個社會就是這樣……」沒想到她們接著把我納入「熟女的恐懼」同一陣線的陣營，接著七嘴八舌的討論起男女交往在年齡上的不平等，以及女人面對年紀的壓力，種種的不滿……

我不知道她們在恐懼什麼？我看著她們憤世嫉俗的模樣，我突然覺得女人會變醜，絕對不是因爲變老，而是覺得自己老了就一定會變醜。

女人會失去魅力，也絕對不是因爲變老，女人會失去自信，更絕對不是因爲變老……而是「自卑」和「嫉妒」讓妳變得醜陋。

記得有一次跟男友聊天，我們也聊到了男生喜歡「青春肉體」的小妹妹這個話題，雖然他大我幾歲，但在他心中我卻已經是個「成熟」的女人。他跟我開玩笑說：「我不懂，爲什麼每次人家都要介紹七年級的小妹妹給我認識。」

「哈！說眞的，如果你眞的喜歡小妹妹就去啊！我一點也不會怎樣。小妹妹有小妹妹的青春無敵，我也有我自己的優點。青春無敵有保存期限，但是我的優點經得起時間的考驗。我覺得我越老越正點，就算我五、六十歲一定也是一個充滿魅力的可愛歐巴桑！哈哈哈！」

「哎，妳知道，我就是欣賞妳這一點！」

說眞的，如果可以讓我時光倒流，我一點也不願意回到20歲、25歲。我覺得我隨著年齡增長一年比一年有智慧、有魅力，甚至長得比以前還美麗。一個女人應該從歲月的增長中獲得成長、變得更好，而不是恐懼自己的容貌和大腦會隨著年紀增長而退步。

我一直認爲，**25歲以前的長相是妳父母給妳的，25歲以後的美醜都要看妳自己**。年輕的時候美麗，那是妳的運氣。當妳運氣用完，最後能繼續美麗的，還是要靠自己的努力。我一直覺得，氣質與智慧才是讓妳越老越有魅力的關鍵。

很多天生美麗的人，年紀越大越令人感到言語乏味，不懂得自我成長而逐漸失去魅力。當一個女生年紀越大，妳越能從她的長相看出她的個性。我絕對相信「相由心生」，那些心胸狹窄、心地不好的女人即使再怎麼做整形美容，也無法掩飾她臉上的刻薄。但是有的女人即使滿臉皺紋，妳卻可以從她的笑容中深深的被她美好的氣質與內在吸引。年紀大還會有一張「好命」的臉，那完全是自己的修練。

當妳因爲怕老、不服老而整天把青春少女當做自己的假想敵，甚至覺得只要想盡辦法整容讓自己看起來像18歲、數十年不變，只是因爲每天都擔心老公愛上年輕小妹妹（眞的很多女人，結了婚之後每天活在害怕自己變老以及擔心老公外遇的恐懼）。她們討厭自己的年紀，甚至害怕別人說自己是老女人。因爲她覺得女人變老就代表世界毀滅。

我一直很想問那些力拚「青春肉體」的女人，如果妳年輕的時間可以靠擠奶過生活，但

是當妳年紀大了之後還想繼續靠擠奶生存在這社會上，我只能跟妳說，這世界上多的是比妳大的奶，妳又還能擠到什麼時候？

青春的肉體隨時都會變老，隨時都可以被取代，重要的是，妳要讓自己成爲不能被取代的、獨一無二的、越老越有價值的女人。

誰說老女人就沒有價值，就沒有身價？如果青春就是價值，那麼就讓那些重視青春身價的男人去吧，妳沒有必要降低自己的格調去人肉市場競爭，重點是，妳又何必喜歡這樣的男人？他希罕的是青春肉體，就讓他去啊！妳也可以不用希罕這樣的男人啊！他看不上妳，妳也可以看不起他啊！

我非常不喜歡遇到女人總愛抱怨自己年過30，害怕變老失去身價這種話題。我覺得妳今天會認爲自己「失去身價」，完全都是妳在唱衰自己。當妳自己都對自己沒有自信，誰還會覺得妳有魅力？坦然面對自己的年紀，不必覺得丟臉或是恐懼。**當妳尊重自己的價值，就沒有人可以輕易的用他的價值觀影響到妳。**

我一直覺得，每個年紀、每個階段都有它的美，我永遠都愛自己當下的模樣，而且相信未來一定會更好！我可以當青春活潑少女，也可以當自信快樂的熟女，未來我還可以當成熟美麗的人妻和熱力四射超級辣媽，老了我還要當可以背了包包就去旅行，充滿行動力的可愛歐巴桑呢！

說到可愛歐巴桑，前陣子我去喝咖啡的時候隔壁坐了兩個年紀超過50歲以上的阿姨，她

們兩個興高采烈的討論要一起去希臘自助旅行，吸引我注意的是，她們還熱烈的討論要去背包客網站收集資料，去那邊要怎麼排行程，還有她們跟網友交換到什麼好康資訊。我心裡默想：「好fashion的阿姨喔！超酷！」後來兩位阿姨看我在旁邊很想加入的樣子，於是我們互相搭訕併桌聊了起來，聊起旅遊相談甚歡。

她們跟我聊起天來，那發光發熱的眼神讓我覺得好有魅力，原來女人到了這個年紀，她的美麗不是因爲拿了幾十萬的包包、戴了幾克拉的鑽戒，還是年紀一把還要靠擠乳過日子，她們的美麗是來自於她們生活上的歷練、個性上的智慧與心靈上的富足。

她們的發光眼神讓妳深深的被吸引。

那才是最迷人的女人！

女人變醜的五大原因

女人25歲是青春的關卡，女人30歲是人生的新指標。過了這五年，妳會變美還是變醜？

我慢慢發現很多女人的樣貌會隨著年紀改變一點也不足爲奇，但是爲什麼很多漂亮的女生過了25歲、30歲會瞬間黯淡失色，反而很多年輕的時候不起眼的女生，隨著年紀增長越來越發光發熱？

這是一件很奇妙的事情，也就是說天生的美女不代表可以經得起時間考驗。女人25歲以前的長相靠的是天生的運氣，25歲以後靠的就是自己的造化和努力。

那麼，女人變美或變醜、變得失色或發光的關鍵到底在哪裡？會寫這篇文章，是因爲我最近在整理舊照片時，忍不住驚訝大家過了好幾年都變得不一樣了！有時候遇到許久不見的朋友，會驚訝對方變得越來越美，有時也受到驚嚇又基於禮貌不能流露出來，以前的美女怎麼變得這麼黯淡無光。

妳們身邊一定也有很多這樣的例子，我觀察了這些人，我發現許多變美與變醜的關鍵，

而我所謂的美醜不只是臉蛋，而是整個人從內而外給人的直接觀感。妳看到許久不見的女生朋友，妳會驚豔還是受驚嚇，妳看到一個人會討厭還喜歡，就是最直接的感受。

我知道寫本篇文章或許不討喜，就像妳有些話可能不好意思直接跟朋友說，有些事情說了又怕失禮，但這是我個人的一點觀察，目的還是希望每個女生多多愛自己，努力成爲令人驚豔也令人喜歡的女生。不只要活在當下，也要看得長遠。

1 愛批評自己的女生不美麗

很多女生很喜歡批評自己、否定自己，逢人就說「我好胖」「我好醜」「我好老」「妳看我肥肉這麼多」「我已經是老女人了」「我屁股又變大了」「我腿粗得跟男人一樣」……

不過，我相信有一種人是「假批評眞炫耀」的，譬如說明明比現場女生都瘦，還偏偏要說：「我眞是胖死了！」明明她最美，卻要虛情假意的稱讚明明比她醜的女生漂亮，或是明明知道自己沒那麼誇張，卻又愛講得很嚴重。大家讚美她很瘦，她卻說：「42公斤哪叫瘦？」（現場一片烏鴉飛過。）

我覺得，如果要以批評自己獲得別人讚美，不如就直接大方的接受別人讚美吧！我喜歡大方接受讚美的女生，這種女生一點也不必否定自己，也懂得化祝福爲正面的力量。謙虛是種美德，但虛情假意的謙虛就不道德。

我不懂為何有很多女生喜歡到處批評自己給別人聽，而且還要強迫朋友收聽妳哪裡胖、哪裡醜這件事，其實別人一點也不想知道啊！批評久了，本來別人覺得妳不胖不醜，漸漸也被妳的批評引導，發現妳「好像」胖了，「好像」醜了，於是別人漸漸的就只會看到妳所批評的那一面。

批評自己就算了，如果批評自己又間接的傷害到別人、影響到別人，那眞的很失禮。譬如說我曾跟一個model吃飯，現場她已經是最瘦的人了，大家聚餐她什麼都不吃想減肥就算了，還要說別人吃的食物熱量有多高，久而久之，就沒有人想找她一起吃飯，掃興！

愛否定自己的女生，打從內心就不認為自己會美麗（或看不到自己的美麗），如果妳都不覺得自己會美，對自己一點希望也沒，甚至自暴自棄，這樣的女生說不定到最後也沒什麼善心人士想要睜眼說瞎話、說說善意謊言安慰她。

有魅力的女人絕不會在別人面前批評、嫌棄自己，即使她有不完美的地方，她都能處之泰然的面對；久而久之，大家也不會再去注意她的缺點，說不定，她的小缺點也能變成她的個人特色，缺點也能變成優點。

我非常不喜歡聽到女生一天到晚抱怨自己的外型，一旦妳開始抱怨，妳就已經承認，而且已經接受並自我放棄。最可怕的就是自我放棄後還以言語暴力來看不慣別人比自己年輕、瘦和漂亮，把自己歸類在敵方，成為見不得別人好的女人。

從今天開始，不要一天到晚在別人面前批評自己，負面的話說太多只會增加自己的負面

能量和形象。別人讚美妳，不如就大方的說聲謝謝。

懂得擁有正面能量，少批評自己、少批評別人，多微笑、愛自己，妳會越來越美。

2 相由心生，心地善良最重要

我眞的太支持「相由心生」這個千古不變的理論。我從小到大看過許多漂亮但心地不善良的女生，在25歲以前她們能夠呼風喚雨，25歲以後變醜的速度快得驚人。

相由心生也可以用「氣質」兩個字來形容，這裡的氣質不是指裝文靜淑女的那種做作氣質，而是一個人散發出來的「質感」。這些漂亮但不善良的女生，過了25歲、30歲以後，或許依然美麗，但是她們的美麗已經失去了質感，妳能夠一眼看出來，她只有膚淺的美，而且很容易看膩。遠看是個女神，近看才發現是個斑駁的雕像。

妳可以看到，很多女生一味的追求美麗，卻內心善妒、心機重、勢利眼、待人不善、做作、愛道人是非、愛批評別人……心術不正、心地不善良的女生，她們的美麗絕對經不起時間的考驗。久而久之，妳會發現，原本包裝得很好的那些美女，居然長相慢慢的變成了令人不舒服的樣貌，譬如：心機重的就長得一臉陰沉相、愛道人是非就長得一臉刻薄樣、做作的就長得一臉虛情假意貌、勢利眼的就長得一臉情婦貌。

說到情婦貌，其實若到某些場合看到許多全身名牌的女人，妳都可以看得出來，誰是貴

婦、誰是情婦；誰是自己賺錢買的、誰是家裡或老公有錢買的、誰是拿不正經錢財買的，那種氣質都完全不一樣。

很多女人會說男人都愛年輕辣妹，所以多希望自己永遠20歲。我倒覺得，年輕時的漂亮沒什麼，經得起時間考驗的美才長久。每個年輕辣妹都會變老，與其一直跟年輕比，不如將自己成為越存越香、越老越有價值的紅酒，而不只是泡泡消失了就只剩甜到膩的氣泡酒。

內心不善良的女生，越老越面目可憎，令人感到不舒服。美麗而沒質感的女生，久了令人生厭。每天都在討厭別人、批評別人的人，長相也會變得令人討厭。妳內心想什麼，外表就會變成那樣。

妳會發現，那些長相越來越討人喜歡、越來越美麗、令人覺得舒服有魅力的女生，都是內心善良正派、待人也真心的人。

正派的美和邪氣的美，完全是兩回事。妳想要越來越美，就要讓妳的心也變美。

3 別當對外表放棄的女人

所謂千古名言「沒有醜女人，只有懶女人」，美麗就是要保養，就是要花錢、花時間。「自然就是美」只限於20歲以前，一旦妳對自己的外表放棄，那就從小姐變阿姨，從正妹變大嬸，從美女變黃臉婆。

女人老不代表一定會變醜，即使一定有歲月的痕跡，也要讓自己成爲有味道、有魅力的熟女。前面兩點講的是內在，這一點就是講外在。

很多女人總是覺得有人要了、結婚了，就覺得對方會因爲眞愛不再重視外表。大錯特錯，除非把男人戳瞎，否則他們一輩子是視覺動物。更何況，維持外表並不一定是爲了男人，也是爲了自己的自信。

所以妳會發現，很多女人過了30歲後，自動把自己升級成大嬸，因爲「我老了懶得打扮」「我結婚了沒必要打扮」「我男友很愛我所以我不必打扮」……所以明明是同年齡的女生，看起來年紀居然可以落差五歲之多。妳看到她的背影還眞的以爲是一位大嬸。

我把外表這一項放在第三，就是我覺得前兩項內在的自信和修養是最重要的，再來外表的維護和保養也是必要的。我支持女人努力愛美，只要在不傷害自己身體的情況下，適度的美容、微整形、塑身、運動、保健都是重要的。照顧好自己的外在是責任也是禮貌，打點好外表、合宜的打扮，除了自我感覺良好，也會在生活上更有人緣、工作更加分。

不是只有男生愛美女，女生也愛美女，我就很欣賞漂亮、聰明又善良的女生，而且我會樂於主動和她們作朋友。

不過，有的人眞的不重視外在也是她的個人選擇（不重視內在也是個人選擇），但也沒必要因此就覺得重視外表就是膚淺的人；除非妳可以做到百分之百不以貌取人，但現實社會就是一個以貌取人的社會。（老實說我覺得那些說重視外表膚淺的人，其實眼光也很短淺。）

女人千萬不能因爲變老、變醜、變胖就放棄自己、自暴自棄；也不能因爲有愛情、有婚姻、有小孩之後就覺得放棄外表是應該的，否則當妳覺得自己是大嬸、是黃臉婆、是歐巴桑的那一刻，妳就很難回來了。

誰說充實內在就不必打理外表？誰說重視外表就一定沒有內在？這又不是單選題，如果兩個都有，豈不更好！所以，努力當一個內外兼具的女生吧！妳也可以跟別人證明，外表與內在妳都有能力擁有！

4 千萬不要玩太兇

所謂的「玩太兇」其實很難定義，我舉個例好了，我幾年前年輕的時候曾經有一段時間，很喜歡跟一群朋友一起去夜店跳舞喝酒或夜夜笙歌（但我必須澄清我去夜店都只是跟朋友玩，不是爲了亂搞男女關係的），後來沒多久我自己就覺得膩了，也可能我自己本身沒那麼愛，累了懶了就脫離了那一段每週末都去clubbing的生活。

後來雖然有時會有朋友約，但久了不去，漸漸的就不會有人找我，我也就不太會碰見那些所謂的「夜店咖」。但沒想到過了幾年後，很多夜店咖還是繼續過著一樣的生活（不同的是她們會找年紀更小的小妹妹一起玩）。有時不小心遇到她們，總是讓我很震驚，天啊！以前在夜店呼風喚雨的正妹，現在怎麼變成這樣？

如果妳也是常常出沒夜店的人，妳可以觀察到，許多年紀很輕就玩得很兇的女生，通常都看起來比較老。就算她們現在長得很漂亮，但是過兩年後，變醜的速度如同坐雲霄飛車一般，或許她的化妝技術很好，遠看還是一個正妹，但是離開了夜店的昏暗燈光，她就沒辦法在陽光下、日光燈下吸引妳的目光。

我有時遇到一些女生，都會誤以爲她跟我差不多年紀，但是當她說出她今年19、20歲時，我說出我大她10歲時，我們彼此會驚訝的大喊：「怎麼可能！」我觀察到許多女生太年輕就化妝但又不懂保養，玩得太兇皮膚變差，宵夜吃多容易發福，夜店空氣差菸味聞太多，尤其過了25歲後新陳代謝變差，變胖變醜變老就在妳不注意的情況下出現。

再來，妳容易認識到的朋友通常都是夜店咖、玩咖，所謂「歡場無眞愛」，妳很難遇到有質感的對象和眞心的朋友，再者因爲太早社會化而可能扭曲了價值觀。

很多人以爲「年輕就是本錢」，但是玩多了會不值錢。

這麼說不代表我就不喝酒、不去bar，不出去玩。我會找三五朋友小酌，但我不會想去需要扯開嗓門才能和對方說話的地方。我喜歡喝紅酒，我最喜歡吃飯的時候配酒，和朋友聊聊天，吃完後就回家睡美容覺。我不需要浪費我寶貴的時間去跟那些對我生命一點也不重要的夜店咖、玩咖一起social，我也不想半夜還要頂著濃妝跳完舞再趕去下一攤。

在我25歲後有一天驚覺再這樣下去我會變老變醜變胖，變得言語乏味、不被尊重，遇到一堆不眞心又總想到處攀關係、皮笑肉不笑只剩臉上化妝品在笑的女人。我就決定我不想再

過這樣的生活。

千萬不要仗著年輕玩太兇，過度揮霍青春，否則當妳說出妳19歲時，人家眞的會很不好意思跟妳說：「妳看起來像29歲。」

5 愛不對人會讓妳變醜

最後來說「愛情」，妳可以發現，有的女人談了戀愛越來越美、容光煥發，也變得有禮貌、有氣質、討人喜歡。但有的女人談了戀愛後，總是看起來很「不幸」的樣子，唉聲嘆氣、神經兮兮、哭喪著臉，每個人看到她就覺得今天眞倒楣，她又要來哭訴她「不幸」的愛情。於是，愛情可以讓人變美，也可以讓一個美女變成醜女！

仔細觀察身邊上了年紀的女人，通常婚姻幸福、被愛的女人，老了還是有韻味。但是婚姻不幸、感情不順的女人，上了年紀老化的速度比感情幸福的女人快。（也有很多人說，性生活美滿的女人比較不會老。）

一個女人的幸福是寫在臉上的，這不用算命師幫妳看面相，每個人都可以看得出來。

所以妳會發現，如果一個女人愛上了不好的、不對的男人，她不快樂，就會變得越來越醜。而且，女人愛的對象的「水準和質感」也會影響這一個女人的「水準和質感」，因爲戀愛就是互相影響，兩個人的氣息會變得相近，很多女人容易被不好的男人帶壞，生活圈、價值

觀都改變，所以如果愛到了不好的男人，女人除了會變醜，氣質也會變差。

我有觀察到，如果一個女人離開了不好的男人，她就會開始變美，氣色變好、人變得更亮麗，運氣也會變得更好。（我都笑稱她們是因爲愛不對人，所以以前的人生是「烏雲罩頂」，烏雲移走了，人生就開始發光。）所以姊妹們，一定要鼓勵朋友勇敢離開會讓她不快樂，會讓她變醜的男人！

我的想法是，談戀愛應該是兩個人要互相進步的，也就是說兩人是正向的影響，在一起是可以一起成長、一起鼓勵、一起變好，這樣的愛情才有意義。所以，若妳談了一場戀愛是不會讓妳成長、不會讓妳變得更好、不會讓妳有自信，而且還不會讓妳變美，那妳眞的要考慮捨棄這段「不健康」的愛情。

仔細觀察妳周遭的朋友，妳一定會深深的同意，愛情對女人的影響眞的太大了！

希望大家感受到我的關心，我希望每個女生都能夠越來越快樂、美麗，而且經歷了年齡的增長，而成爲更有身價、更有魅力、更聰明的美女！

最後做個總結，女人要變美，眞的要從愛自己、對自己有信心，對人生要有正面的能量，以及心地善良爲基礎。內外在都要兼顧，懂得保養自己，不要揮霍青春，也一定要懂得談一場有益身心的戀愛。內在的美與腦袋的智慧才是能讓妳經得起時間考驗的美麗！

各位姊妹們，我們一起努力吧！

台灣女人對美的迷思

一白遮三醜？暴瘦才是美？暴乳才是性感？台灣女人有哪些對美的迷思？

因爲寫作的關係，我一直在觀察現在女生的想法和態度，發現台灣的女人對於「美」有很奇特的認同、煩惱和迷思。

這是我個人的觀察和意見，我不理解，爲什麼，大部分的女人，對於「美」有這麼難解的心結，對於「美」的認同難以理解，對於「美」有這麼多同樣的煩惱，其實是我們對於「美」有哪些迷思？

1 一白遮三醜

台灣女人，以及某些亞洲女人，最注重的就是皮膚要白、白、白！

甚至還有大家琅琅上口的一句話：「一白遮三醜。」彷彿只要皮膚白了，其他地方醜也

沒差，只要皮膚白了，就不會醜！於是大家拚命美白，不愛曬太陽，看到太陽就好像看到鬼一樣，女學生體育課躲在屋簷下裝病，很多女人寧可熱死也要包緊緊，不愛海灘不愛戶外活動盡量不出門，粉底永遠買最淺的色號，看到自己不小心曬黑一點就會哀號，於是把自己搞得緊張兮兮，只怕自己黑了一點就會變醜。

但是，白或許比較好看，卻也不代表只要妳白，就什麼地方都好看。相反來說，只要妳好看，就算妳黑了點，還是會好看。如果妳有三醜，就算妳白得像屍體一樣，大家還是看得到妳的三醜。所以，白跟美醜或許有相對的關係，但並沒有絕對的關係。

而且，並不是每個人都要白才好看，在一味的追求白的時候，先想清楚，妳到底怎樣比較好看，而不是只要白了就會好看。找到妳自己的路線，比盲從大眾化的口味還重要，妳也會承認，很多又白又漂亮的女人，她們吸引人、受人歡迎絕不只是因爲她很白。

我其實很受不了瘋狂的追求白而變得惹人厭、礙到別人的行爲，彷彿不小心要她曬到一點太陽就大呼小叫要人命一樣，出去玩又神經兮兮的撐傘戴帽，包得像木乃伊，找她出去還會不爽的說：「我才不要曬黑！」「太陽那麼大，幹嘛找我出門？」好像欠她似的，然後每天碎碎唸怎麼辦她過了一個馬路又變黑，抱怨東抱怨西、惹人厭，一點都不可愛不討人喜歡。

我眞的覺得這種人的問題不在她夠不夠白，而是她負面的情緒：「因爲我不夠白，所以不夠美麗。」而讓人覺得她不美。

這麼說來，很多人會講，那麼我就不美白了嗎？我的確是很愛去海邊、去曬太陽，我

也很愛曬得一身健康膚色，但是我還是會美白，不是爲了白，而是爲了不讓肌膚老化乾燥長斑，對我來說皮膚好、膚色健康、氣色好討人喜歡，比起一味的追求白還重要。我不想生活因爲一白遮三醜而活得這麼彆扭，我也從不覺得我好不好看是來自於我白不白。

美麗本來就有很多種形式，有人可以白得很美，也有人的健康膚色很吸引人，每個人都有最適合自己「美」的方式，但是美麗最重要的還是心態和態度，心態上認同自己、對自己有信心，態度上正面的、健康的讓自己心胸開闊，以及一直不放棄讓自己變得更美而努力。心裡面要永遠住著一位正妹，到老了還是吸引人。

如果妳要一白遮三醜，不如先去解決那三醜，或許到時妳並不需要白來遮醜。

2 人人瘋減肥，暴瘦才是美

減肥大概是台灣女人的全民運動，妳隨便問一個女生都覺得自己胖，連瘦到令人髮指的模特兒也會在妳面前說：「怎麼辦，我最近變胖了⋯⋯」但是妳看不出來她到底胖在哪，心虛羞愧的想其實自己才算胖，瘦的人在妳面前嫌自己胖，只讓妳想切腹自殺。

雖然每個女人幾乎都在瘋減肥，但女王我覺得有個「做人基本的禮貌」要跟大家建議，不管妳是不是覺得自己肥或變胖，千萬不要在比妳胖的人面前說自己胖，因爲這是「非常沒有禮貌的行爲」，難道妳要人家安慰妳：「妳哪胖，我才叫胖吧！」簡直是羞辱人的行爲啊！

所以，千萬不要做這種沒有禮貌的缺德事！謝謝！

不過，一定很多人不以爲然的說：「女王妳不胖，所以妳才要批評減肥吧！」我承認我不胖，我不批評減肥（我當然也有在維持身材），我要講的是「瘦才是美」的迷思。

當然，大部分的美女都是瘦子沒錯，所以瘦就是美也是事實。但是瘦並不完全等於美！老實說，很多人努力減肥，大家摸著良心講，妳身邊某些瘋狂減肥的人，就算她們瘦到了40公斤以下，就會眞的美嗎？妳一定同意，她們的問題不是在「瘦」，也不是「體重」，而是「整體感」。

很多人追求體重的數字，忘了整體感才是好不好看的重點。我家沒有體重計，我很少有機會知道自己的體重，很多人問我要怎麼瘦、怎麼維持身材，我都會先說：「曲線比體重還重要。」大家看到的是妳的線條好不好看、而不是妳體重的數字。很多模特兒都很瘦，但是看她們走台步的時候妳會發現，很多人瘦的線條並不美，令人訝異的是這麼瘦的女生走路的時候屁股下垂的肉還會晃、大腿有橘皮，肉還鬆鬆的抖動。明明這麼瘦的女生，怎麼可能還有肥肉？

一公斤的肌肉與一公斤的肥肉即使重量一樣，但是肥肉的體積是肌肉的數倍，也就是說，一味相信體重的人很有可能瘦的不是肥肉而是肌肉，妳要的是緊實的肌肉一公斤，而不是鬆垮的肥肉一公斤。所以，只減肥、吃藥、節食而瘦的女生，就會有不健康的線條。或許瘦就會好看，但是很多是瘦得線條不好看的女生。

不必計較體重的數字，而是重視妳身材的線條。

可惜大家太追求體重的數字，我也一天到晚被見面的讀者逼問：「女王妳本人很瘦，妳到底幾公斤？」老實說，根據我上次有機會量到的體重是48公斤（我的體重、年齡、罩杯都不會謊報或灌水），也就是說，距離我之前因忙碌瘦到45公斤後，其實我是變胖了，但是我買衣服的尺寸居然變小。也就是說體重數字並不是最重要的。

各位姊妹，千萬不要因爲減肥而變成一個不討人喜歡的女生，不要聚餐的時候都不吃還嫌熱量高讓同桌的朋友尷尬，也不要每天怨恨食物虐待自己怨天尤人，更不要因爲減肥而讓自己不開心、不愛自己，用負面而否定的情緒過日子。

不要爲了數字斤斤計較，也不要迷信瘦一定美，我認識很多女生不特別瘦但是健健康康、討人喜愛，懂得打扮自己穿衣服凸顯身材優點，這些女生，比起那些怨恨食物食不知味的瘦子還令人喜歡。更何況，女人有了點年紀要有點肉才會有福氣，不要當個瘦到沒福氣的女生。

電視上報紙上那些體重異於常人的藝人只有暴瘦變紙片人上鏡頭才美，我們不必用著這樣的審美觀過生活。擁有健康、愛上自己的身體、擁有享受美食的好心情，不要爲了體重而計較，而是擁有好的體態、曲線，知道自己身材的優缺點來穿衣服，這才是最重要的事。

3 暴乳才是性感

這陣子流行暴乳的廣告，打開電視看到許多抖著乳房、擠著乳溝，讓人搞不清楚賣的是什麼品牌商品只記得暴乳。很多女生看到這種廣告都很不舒服，穿女僕裝無辜天眞的抖著童顏巨乳，簡直跟A片的橋段沒有兩樣。不止女生看了不舒服，我認識一些男生也懷疑爲何廣告商都以爲暴乳廣告就一定會吸引男人掏錢：「難道他們以爲男人都弱智到這種程度？」

不止如此，飲料廣告告訴青春期的小女生，要胸部大才能抬頭挺胸受男生歡迎行注目禮，內衣廣告告訴女人胸部大才是眞正的女人，一定要把乳房擠得像碗公一樣、乳溝夾到呼吸困難，這才叫性感。打開報章雜誌，大家習以爲常看到女星暴乳，覺得這就是現在美的標準，一邊感嘆自己爲何怎麼擠都沒有碗公奶，乳溝不能夾死蒼蠅……

但事實上，那些我們看到的暴乳，除了假奶外，都要用nu bra加封箱膠帶（黃色寬版膠帶）捆綁、擠出來的成果。事實上，我們正常人根本不可能每天過著nu bra和封箱膠帶討生活，大家不必太羨慕那些照片裡的暴乳，因爲很多人拿掉nu bra、內衣超厚襯墊、封箱膠帶後，其實胸部眞的一點也不大，before和after的差距常讓我傻眼。不過，男人看到的都是表象，就讓他們繼續活在美麗的謊言中吧。

胸部大不大眞的只有「遺傳」兩個字，什麼食補、針灸之類的說法都是那些有隆乳的明

星說來安慰人的。如果過了20幾歲還有青春期，那還眞是神蹟。

但是我不懂，爲何現在很多女人對性感的焦點都集中在乳房，好像只要暴乳了就是性感，其他地方都不重要。老實說，很多暴乳的裝扮和過度擠出來不自然形狀的乳房眞的一點也不性感、不好看，讓人不舒服啊！

我覺得一個女生的身材好不好，並不是在於尺寸、不在於某個部位的大小，而是「勻稱」和「整體感」；一個女人性不性感，並不是在於身材的某個部位，而是她對自己的自信，她表現出來的態度，以及她的個人魅力。性感並不是追求完美，許多擁有完美身材的女人，不一定讓人覺得她性感，反而讓人不舒服。因爲過度追求完美而顯現出來「沒自信的不可愛」，反而讓她失去魅力。

更何況，許多身材不完美的人，也很性感，例如碧昂絲，或許以我們東方人的眼光看太大隻，但是她跳起舞就讓我深深著迷她的性感；安室奈美惠的身高不到160但是比例卻好得勝過model；凱莉米洛也大約155，更有許多人沒有完美的身材，卻有自己的魅力足以迷倒眾生。個性性感、腦袋性感，比起單純只有身材性感，還更受人歡迎、更經得起時間的考驗。

如果只有暴乳才叫性感，那麼只好繼續靠擠乳過日子。對我而言，最高明的性感不是在「生理」，而是在「心理」。

4 女人的審美觀來自男人的眼光

承接上一項，我發現許多女性產品的廣告，並不是拍給女人看的。也就是說，那些廣告是拍給男人看，讓男人喜歡後，再讓女人覺得「這就是男人喜歡的美女」，而認爲自己那樣子才是美。男人覺得性感，女人才知道要怎麼做才性感，男人認爲美，女人才知道什麼樣才叫美。很多美的標準都是來自於男人，並不是女人，女人常用男人「會不會肯定自己」的眼光，來自我感覺「我是不是美女」。

譬如說，我一直很不能理解的，很多女人喜歡到處炫耀一天到晚被搭訕，我上節目的時候常聽到女生得意的說自己最高紀錄一天有幾個人搭訕；充其量，搭訕妳的很多都是變態色狼，他們一天可以到處搭訕無數路過的女生，被這種「咖」搭訕，我眞的很不能理解，到底有什麼好値得開心、炫耀的？要是我，絕對不會說有人搭訕我。

因爲那些女人覺得，被搭訕代表自己的外表受肯定，很多男生追代表自己很正，被男人說「妳好正」就認同自己眞的很正。但是，爲何女人需要男人來肯定自己是不是很正，而不是自己對自己有自信，覺得自己很美很正，自己的內心認同與肯定自己？

難道，女人對外表的自信心是來自男人的眼光？

有的女人，常會在意男人的評論與批評，男友覺得她哪裡不夠完美，她就會努力減肥、

用力變美，她們對自己沒自信，於是用男人的審美觀來審視自己，用男友的標準來改變自己。很怕自己不夠瘦、不夠美，男友就會不夠愛她。這樣的女人，即使再美麗，依然沒有自信、沒有魅力。

有人說：「妳怎麼能這麼有自信？」我說，自信不是自傲，而是我很清楚我的優點和缺點，既然我不夠完美，我就要好好發揮我的特點，我矮得很有自信，我從不批評自己的身材，我努力讓自己變得更好，是因爲我很愛我自己，而不是爲了讓別人更愛我。我交過的男友幾乎都說過我胖，但我從不會爲他們減肥或改變，因爲，他們若喜歡竹竿妹、紙片人，他們就去啊，如果他們要愛我，就要接受我。我肯定自己，就算你不肯定我，也不會影響我。（不要就拉倒！）

我認眞的希望多一點眞正拍給女人看的廣告，而不要再用男人的眼光來拍女人的廣告。我眞的希望，女人覺得自己好、美麗、性感，是來自於自己內心對自己的肯定，而不是別人說妳夠好、夠美、夠性感，妳才肯定自己。

美麗有太多形式，每個人都有自己的魅力，做好妳自己，努力經營自己，放掉那些美的迷思，妳才能找到眞正屬於妳的美麗。

Part 3

寫給20幾歲的妳：愛情，只是一道甜點！

甜點不好吃，就換下一道；男人不好，就換下一個。
為愛放棄一切，只要愛情的女人，永遠只有餓死的分。
當妳空虛、飢餓、寂寞的時候，
請先把自己的生活填飽，再來談戀愛。
永遠記得這一點，愛情，只是一道甜點！

很多人追有什麼了不起？

你喜歡我，我也喜歡你，我們就不用囉唆在一起；如果我不喜歡你，我也不想跟你囉唆。我不想浪費我的時間精力去周旋於那些我打從心裡就根本不想在一起的男生。被你們追，也只是浪費我們彼此的時間。

每當我單身的時候，總是很多人會問我：「現在是不是很多人追妳？」

我總是說：「沒有耶！」

他們會繼續問：「怎麼可能？一定很多人追妳啊！」

「可是我不喜歡別人追我。」然後，氣氛就僵掉了。

雖然我知道大家是基於禮貌、好奇、八卦、關心、同情，甚至是找不到話題聊，所以才問我有沒有人追。但是辛苦大家了，我真的行情不好，沒有人追。

「怎麼可能？」他們總是這樣問我。

怎麼不可能？說真的我本來就不是一個喜歡被追的女生，我交過的每個男朋友都不用追

我追得要死，大家互相喜歡就在一起，何必玩那些追來追去的遊戲，考驗對方能耐，浪費彼此時間？

我知道很多女生喜歡被追求，甚至以被幾個男人同時追求爲榮，從小到大我也看多這種把戲，我很能了解這樣的虛榮，但是，我眞的無法把它當成享受。

於是我常常可以聽到有些女生說追她的男人可以像排班計程車一樣等著接送她，每天都會有人苦苦守候公司樓下，三不五時都會收到鮮花、巧克力、高價禮物等炫耀式禮品，請她吃飯的男生從這個月初排到月底，手機永遠一堆簡訊眞情告白，電話響不停因爲男人們搶著約她吃飯、跟她聊天，她們總是在猶豫今天該跟誰約會，明天該給誰機會。

然後每個人都會說：「哇！妳眞搶手、眞多人追！」由於競爭者更多更白熱化的關係，而讓追她的男人更加努力不懈，搞得自己像奴才還是太監，只爲了一親芳澤，換取她一個微笑。於是她永遠有吃不完的飯、看不完的電影、收不完的禮物、坐不完的接駁車。

可惜，我眞的沒那個福氣當這樣的女人，我很怕別人追我，別人對我好一點我就心裡覺得不安好像欠他幾百萬。我不想浪費別人的時間、浪費彼此的生命，如果我打從一開始就知道我不可能跟你在一起，我一定會很委婉的馬上讓你知道，馬上想辦法推掉。我無法自私爲了享受別人對我的好，而心安理得的去接受那些我不可能回報的人情，我無法吃頓飯假裝開心、跟你出去玩曖昧遊戲、收到禮物感覺賺翻、不想花錢坐taxi所以要搭你便車。

我眞的，沒那個本事當那樣的女人。

我眞的沒有當演員的天分，我眞的，寧可一個人孤獨到死，也不想浪費我的時間精力去周旋於那些我打從心裡根本不想在一起的男生。

當然我也知道愛在曖昧不明時最美麗，但是，我眞的很不愛搞曖昧這種遊戲。我不跟朋友搞曖昧，對我來說男朋友就是男朋友，朋友就是朋友，絕對不會有啥曖昧的朋友、乾哥乾妹的朋友、隨call隨到的朋友、沒事可以幫妳付錢的朋友、孤單寂寞可以借一下懷抱、沒事睡一下的朋友，我界線分明，非黑即白，搞曖昧眞的不是我的專長。

你喜歡我，我也喜歡你的話，我們就不用囉唆在一起，如果我不喜歡你，我也不想跟你囉唆。我沒時間浪費力氣去讓你誤以爲我對你也有好感，然後在那邊苦惱爲什麼大家都要來追我。

什麼是好人卡？我從來沒發過。

我絕對不想利用別人來開一家高發卡量、來者不拒的「好人卡」發卡中心。曾經想追我的男生通常都會變成兩種，一種是放棄不想追我，後來我們可以當眞正的普通朋友（不含搞曖昧，謝謝），我甚至可以幫他介紹女朋友。另一種是覺得追不到面子掛不住，所以自覺尷尬無法跟我當普通朋友（這也絕對不是我的問題）。

很多人追，沒有什麼了不起！只要我卯起來做，每天照三餐跟男人搞曖昧，來者不拒，每個都讓他們誤以爲有希望，只要我願意違背心意多一點，我也可以有很多人追。有些不怎麼樣的女人都可以大聲炫耀她可以劈好幾腿了，只要妳腿張夠開，天下也無難事；只要妳臉

皮夠厚，男人自然搶著當妳的司機、奴隸、提款機。

所以我不懂，那些總是愛炫耀很多人追、很多人搭訕、甚至可以同時交很多男友的女生有什麼好驕傲？對我來說，這跟深怕自己沒行情，哄抬自己飯局價、包養價、罩杯尺寸、男友多富有，深怕輸給別人的女人一樣好笑。

身價很高、行情很好……然後呢？這有什麼好值得希罕！

我只想好好的跟一個人在一起，我可以說我談戀愛很認真，我忠於自己不會偽裝美好淑女形象，我懶得故做姿態跟你玩角力遊戲，我不走模糊地帶、不會搞曖昧也不想劈腿。

我愛你，我就會百分之百付出；我不愛你，我也不會灌水百分之一。

我喜歡你，你不用來追我，我不喜歡你，也拜託不要來追我。我可以這麼說，你有本事交到我這個女朋友娶到我這個老婆，絕對是你祖墳風水好，祖上有積德，父母有福報，你善事做不少。我不跟你玩遊戲，能跟我在一起是你的福氣。

下次請不要再問我：「妳有沒有很多人追？」

我眞的，沒有人追。謝謝各位！

女生主動會不會太隨便？

如果一個男生因為妳主動而不尊重妳、對妳輕浮、覺得妳隨便，那麼正好妳也可以淘汰他，因為：他絕對不會是個好男生。

「女生主動，會不會隨便？」這是我每一次演講一定會被問到的問題。

每次演講開放問問題的時候，一定會有女生問這個問題。很妙的是最近接受一些採訪，發現類似的主題常出現，最近聽到記者說來自日本的「草食男與肉食女」的社會觀察，據說因爲男生越來越被動，以至於變成草食性動物，女生就要開始積極一點。

還有許多採訪探討現在男女單身找不到交往對象問題，以至於各類聯誼方式開始興盛，最後還是會回歸到女生要不要主動。（老實說以我的觀察，現在各類的單身活動或聯誼都是女生比較主動參加。）

再來，宅男文化的興盛，讓很多男人在家不出門，認識好男生的機會越來越低，難得遇到喜歡的男生彼此又不敢相約，男人宅，女人羞，於是單身的人越來越多。許多女生礙於千

古以來「矜持」的包袱，相信雖然女追男隔層紗，但是男人一定不會珍惜，許多兩性書籍告訴妳，第一次約會一定要讓男生約，一定要先拒絕兩次再答應，電話不要馬上接，就算閒得發慌，也要假裝我很忙，很有身價，有很多人約。因爲他們說，這樣男生才會追妳、才會約妳、才會珍惜妳……不然只會變成「他其實沒那麼喜歡妳」！

看著那些女生怯生生的發問，害怕如果自己太主動會嚇跑男生。但是也有很多男生有同樣困擾，他們也不敢追女生，怕自己一開口就會被拒絕，追了半天又被發好人卡。

看到這些不敢主動追求的人，我都會引用我以前寫過的一段文章做一個比喻，好的對象就像台北市東區的路邊停車位，位子永遠都被停滿，妳永遠找不到車位，妳開車繞了半天，發現好的位子都被併排停車，不然就是有人在旁邊閃燈等人開走，好不容易繞了很久看到一個車位，但是妳不太滿意，想說再開看看會不會找到更好的車位，可惜當妳找不到更好的位子要回來停時，發現也被人占走了。

妳終於遠遠看到好的車位還在考慮要不要踩油門衝過去停時，卻被對面車道的人逆向插隊搶走，正當妳想要罵髒話說：「先生，這個位子是我先看到的耶！」對方回妳：「可是是我先停到的！」妳又能怎樣。最後妳繞來繞去發現只剩下殘障車位，妳不懂爲何要有那麼多殘障車位，妳懷疑那些停的人到底是不是殘障，還是妳乾脆也把自己戳瞎，這樣就可以停殘障車位。正當妳在猶豫的時候，殘障車位也被停走了。從車裡走出來的人看起來一點也不像殘障，妳質問他，他說：「至少我有車位，妳沒有！」

瞧，這就是多麼殘酷、弱肉強食的單身市場！所以妳遇到喜歡的人，妳要不要主動追？

我支持女生要主動，拜託都快民國100年了，女生還要裝矜持裝到什麼時候？

遇到喜歡的人，當然要主動把握機會啊！但是主動不代表要把自己變成變態或花痴。另外我有一個想法是，女生主動也是一個測試男生的好方法。

如果一個男生因爲妳主動而不尊重妳、不珍惜妳，這種男生只有兩種情況：

第一，他不喜歡妳。所以妳也不用浪費時間，走人！

第二，他是爛人，他不懂得尊重女生。這種男生也慶幸妳早點看清楚他，結論也是一樣，不必浪費時間，走人！

所以，妳完全不用擔心一個男生會因爲妳主動一點就瞧不起妳，妳反而因爲這樣的機會可以節省自己「鬼遮眼」的時間，這種不懂得尊重女生的男生，妳也不需要喜歡。

我問過很多男生，他們老實說，如果他們也喜歡一個女生，他們並不會因爲那個女生稍微主動約他而不喜歡那個女生。如果他也喜歡妳，他會很珍惜妳給他的機會，他會覺得自己是全世界最幸運的男人，而且他會更主動的回應妳。而妳，只不過是給他一個「機會」罷了。

給妳喜歡的人一個機會來喜歡妳，這一點也沒什麼。

至於妳問我有沒有主動追過男生，我倒是眞的沒有。我只能說我很幸運，只是我喜歡的男生剛好會喜歡我，加上我又不喜歡搞曖昧或是追來追去的無聊遊戲，所以向來都是一

拍即合，兩個人喜歡就不用浪費時間，好好的交往，不用玩那種猜來猜去的遊戲。我不喜歡被追，我也沒時間給人追，我覺得沒人追眞是自在又愜意，因爲我不需要靠有人追來自抬身價，我也不需要有人追才會有自信。

我一直很清楚我要的是什麼，所以從來沒有日久生情過，我有個「三次理論」，只要我見一個男生三次，我就可以馬上斷定我會跟他在一起，或我們一輩子只能作普通朋友。

如果遇到我喜歡的男生，我不介意先約他吃飯。很多人都不敢約異性吃飯，約吃飯又沒什麼，又不是約開房間。約吃飯也不一定是約會，就只是純吃飯、純聊天、純交朋友，不必一開始就把意圖擺在臉上，大家認識交個朋友，互相了解，看看適不適合，再來談追求。又不是說吃一頓飯就代表要在一起，就要負責，就是要追妳。

我覺得很多人把「約吃飯」看得太嚴重了，飯每天都要吃，我也常約朋友吃飯，如果我對一個男生有好感，我也一定會約他吃飯，因爲吃一頓飯大概就可以了解這個人未來有沒有可能。生活飲食習慣、價值觀、禮儀、個性、生活圈、有無共通話題，來不來電……在飯桌上都可以一清二楚。吃個飯、交個朋友、了解一個人，才能知道有沒有繼續的可能。

更何況，爲何認識異性一定要那麼具有目的性？不適合交往也適合當朋友啊，沒有追到也可以當朋友啊，發現「幻滅」後也可以擺著當好友名單啊，與其說是主動追求異性，不如說是主動認識一個朋友，很多人不花時間了解就亂追求，難怪會被發好人卡。

至於有些人會說，女生主動就叫做「倒貼」，我倒覺得，如果說這種話的也是女人，妳眞

的不會覺得身爲女人還要污辱女人是很羞愧的事嗎？

如果說這話的是男人，這種男人，我只希望，他們在追女生的時候，不會也覺得自己一樣在做倒貼的事。爲何男人追女生就不是倒貼，女人就是？難道女人身價比較高，明明做一樣的事，女人就是吃虧，男人就是占便宜？那些會一天到晚覺得自己吃虧的女人，只是把自己的付出變成以物易物的價值交換，妳把自己變成商品了，又怎麼怪男人自恃是買家？很多女人怪男人物化女性，其實是她們自己先物化自己。這跟躺在地上還要怪人家踐踏妳的道理一樣。

在這個兩性都越來越害怕受傷害的現在社會，男人開始變得膽小、怕被拒絕，女人也拚命守著矜持牌坊，深怕一開口就被稱爲隨便。最後很多人錯過機會，開著好車卻找不到停車位。

我想鼓勵身邊的朋友，鼓勵大家，現在開口約妳喜歡的人吃飯吧，不好意思單獨也可以找朋友一起當做聚餐，在妳還在猶豫的時候，說不定他也很想約妳呢！大家看到這裡，提起信心，今天就約妳喜歡的人吃飯吧！

對女生來說，我們寧可欣賞一個主動追我們卻被打槍的男生，也勝過喜歡又沒勇氣追的男生。我們欣賞的是一個男人的「勇氣和風度」，就算沒有在一起，我們仍會一直欣賞他，繼續跟他做朋友。

至於那些會覺得妳主動就是隨便的男人，妳也趁此機會，順便fire他！他不喜歡妳，他不尊重妳，妳也不必「隨便」喜歡他。

報復是最愚蠢的事

難道他傷了妳的心，他就要為妳未來的所有不幸負責嗎？妳不過是在懲罰自己，而不是在報復他。說難聽一點，妳只不過是想當永遠的受害者。

很多人不甘心被分手、被傷害，她們總是說：「我要報復他！」

但我很想問她們的是：「妳確定報復到了他，而不是害了妳自己？」

我認識一個女生，她之前不小心懷了她花心男友的小孩，男友不理她懷孕、不想負責，繼續把妹，光明正大帶別的女生回家睡。她原以爲男友會因爲她有了小孩回心轉意，沒想到男友要她拿掉小孩，甚至騙她說只要拿掉小孩就會好好補償她。

後來她拿了小孩那一天，離開醫院後，我和朋友千叮嚀萬交代她要好好照顧身體，不要再做傻事。當時所有認識她的人都勸她離開那個男友，重新過自己的生活，她雖然答應大家了，還是跟前男友藕斷絲連，當然如我們所料，她男友自從她拿了孩子後「如釋重負」，說要好好補償她、對她好都是屁話。還是不斷的四處把妹……

後來，過了好久我都沒見到她，沒想到下一次再見到她的時候，我看著她隆起的肚子，驚訝的大叫：「妳……妳又懷孕了？」

「是啊！」

「孩子的爸該不會還是同一個男人吧？」

「是啊！」好的，我無言了。

我因爲太驚訝、太憤怒而呆立在那裡許久，我很難過的問：「爲什麼妳還要懷他的小孩？」我問她身邊的朋友：「爲什麼妳們不勸勸她，爲什麼要讓她繼續懷孕？」他們無奈的搖搖頭說：「我們眞的該說的話都說了，最後我們也放棄了。」

因爲孩子已經好幾個月，無法拿掉只能生下來，而且她也鐵了心要生，更重要的是，她是用盡了方法再讓自己懷男友的小孩，而且男友一點也不知道她又懷孕了，她躲著男友，只爲了生下他的小孩……

她要報復她的男友，她說：「我失去的，一定要拿回來！」

她眞的「好傻好天眞」，我眞的很無奈，後來我眞的相信是「個性決定命運」，有些人的命不能怪父母沒把妳生對好時辰，怪上帝不公平沒讓妳有好命格，怪自己運氣差爲什麼都遇不到好男人，妳要有怎樣的命通常都是妳自己造成，妳命不好，眞的怪不了別人。

我不懂，爲什麼要報復？

有的人分手後懷恨在心，不想讓對方過得好，也不想讓自己過得好。更多人是藉著讓自

己過得很差來「懲罰」對方，但是我眞的很想問妳們，妳確定有懲罰到他嗎？

其實他離開妳之後，一點也不在意妳過得多差，一點也不在意妳每天把自己搞得人不像人鬼不像鬼（甚至更讓他堅信離開人鬼不分的妳是明智的抉擇），他也一點都不介意妳的傷心難過，妳哭到死都不關他的事。他過得很樂、很爽，他頂多同情妳，不過那樣的同情在他心中比同情路邊的乞丐還不如，他知道妳很可憐，但是，妳可憐關他屁事啊?!

妳不過是在懲罰自己，而不是在報復他。

不管妳用任何方式報復他，妳都是在浪費自己的生命和力氣，即使他被妳傷害到、報復到，妳覺得很過癮，但是之後呢？妳只是把自己搞得面目可憎，浪費自己寶貴的青春在一個永遠都和妳未來生命無關的敗類身上，他要劈腿、他要跟誰在一起又關妳什麼事？

難道他傷了妳的心，他就要爲妳未來的所有不幸負責嗎？

我倒覺得，是妳要對自己的人生負責。妳讓一個傷害妳的人那樣輕易的就能給妳理由毀了自己的一生，那是妳對自己的人生不負責。妳想要報復他，但是妳也報復了自己的人生。

妳想要活在錯誤裡，不斷的回憶它，妳的生活有多爛多糟，妳就要拉著人跟妳一起陪葬，我過得不好你也不能過得好，我痛苦你也不能快樂，我找不到幸福你就不能比我幸福，我有多爛你就要陪我一起爛。

妳只不過是想當永遠的受害者。

那些大喊著別人如何踐踏他們的人，通常都是自願躺在別人的腳底下，別人可以踐踏

妳，但妳爲何要作賤自己？

在我心中，最高明的報復是：「你在我的人生中已經一點也不重要了！」至於那些不重要的人，不過就像路邊的狗屎一樣。

每條路上都有狗屎，有的人會不斷咒罵，有的人會一直站在那裡嫌臭，有的人會快速離去、繞道而行，有的人會一整天心情不好，有的人會跟別人抱怨爲什麼一天到晚遇到狗屎……但是最聰明的人是，看到狗屎就快閃，不幸踩到狗屎就快擦乾淨，然後就再也不把狗屎放在心上。

別人問他：「你有踩到狗屎嗎？」

他會說：「狗屎長怎樣？我早忘了，那很重要嗎？」

那些傷害妳的人，就如同路邊的狗屎，端看妳用什麼樣的心情去面對它。有的人可以滿嘴狗屎、滿腦狗屎，有的人更可以一生中處處是狗屎。

報復別人，也不過就是拿著狗屎丟人，弄髒了別人也弄臭了自己，更慘的是拿屎去丟屎，濺得自己一身屎。

妳還想報復，那麼我會告訴妳，妳只是浪費自己的生命跟狗屎瞎耗。

妳是唯一的觀衆，也是唯一的主角，這場鬧劇結束後，妳會發現……

妳沒有報復到誰，妳只是辜負了自己的一生。

我不是乖巧的女生？

我不用把自己變成「白紙」來代表自己是個乖女生，我人生中所遇過的挫折、難堪、不順遂、不快樂的經驗，都讓我變成更好的人。我不用假裝自己是活在天堂的天使，而是要把我生命中每一個不美好的角落都變成天堂。

有些男生說：「我喜歡乖巧的女生。」我問他們：「什麼是乖？」

他們會說：「嗯，就是文靜一點的女生吧！」

接著我都會開玩笑說：「哈！那像我這種話多的女生，就是不乖了嗎？」

「嗯，不是啦！只是文靜一點的女生看起來比較乖嘛……」

於是我一直很好奇一個問題，爲什麼有的人會覺得：「文靜等於乖巧？」

一個女生善不善良、個性好不好、EQ高不高、待人體不體貼、私生活檢不檢點、能不能吃苦耐勞、懂不懂得尊重另一半、孝不孝順、專不專情……這些足以構成「乖」的要素，都跟「話多不多、個性外向還內向、活潑還是安靜」一點關連也沒有，那麼，爲什麼有些人

會認爲：「文靜等於乖巧？」

男性朋友A說：「我們男生就是會覺得，女生安安靜靜的就看起來很聽話，老實說就是很多男生骨子裡還是大男人，希望交一個女友就是要聽他的話。安靜的女生讓男人覺得意見比較少、比較溫柔、比較好掌控，而且也不會兇，不會跟我們爭辯吵架。」

我摸摸頭：「可是老實說，你不覺得很多安靜的女生才讓人摸不透她在想什麼嗎？」這樣你怎麼不跟個啞巴在一起一輩子都不會跟你吵架，而且，你確定安靜就代表好搞定、會聽話嗎？

我問了另一個人：「我問你喔，哪個女生會讓你覺得很乖？」

男性朋友B說：「像某某的女友就看起來很乖啊，每次大家出來她都安靜的坐在男友身邊，除非有人問她，她才會講話……」

「這樣你只要一個花瓶擺在旁邊就好了啊！還是你放個假人在旁邊裝上電池設定程式讓她每隔三秒就會微笑、每隔五秒就會點頭，保證靜音，就算沒電你也不會發現！」

這讓我想到了很久以前有一次和一個男性朋友參加聚會，席間他的朋友大多都帶了女友或老婆前來，每個女生都打扮得如同名媛一般，安靜的坐在男友旁邊，而且她們眞的是「除非有人問她，否則她們不會主動發言」，所以我這個很怕別人尷尬、很怕別人無聊沒話聊的里長伯個性又使然，自己虧自己、找話題、講笑話搞笑，事後我朋友跟我說：「我的朋友都很欣賞妳耶！」

欣賞歸欣賞，但是這種男生只會認眞的跟我做朋友，然後去追那些坐在他身邊安靜的、食量小的、不喝酒的、看起來比我有氣質的女生。

但是，那又怎樣？我也不想被這種男生追，畢竟要假裝自己食量小就是很痛苦的一件事。你們還是離我遠一點比較安全。

請不要誤會，我絕對是超級羨慕那些天生的氣質文靜淑女，因爲我做不到、也裝不來，所以我曾說過我人生字典裡沒有「氣質」這兩個字，人各有命，每個人都有自己的個性，不用去僞裝自己成爲另一種人。所以喜歡我、要追我或跟我在一起的男生，在他們第一秒認識我到後來交往，我都是一個樣，不會讓他們有過度美好的幻想，也不會讓他們跟我在一起後幻滅。

我不怕生、我喜歡接近人群、我喜歡上台演講、我喜歡交朋友、我喜歡當康樂股長，我個性眞的很里長伯。**所以像我這樣的女生，都是用來襯托別人的氣質用的。**

譬如說很多人出去吃飯，我一定是那個會注意誰杯子沒有飲料、沒有酒要趕快幫大家倒、幫大家點餐、誰沒吃飽要不要加點、誰沒有夾到菜、隨時招手叫服務生過來收東西，搞得自己很像服務生的人。加上很怕大家無聊沒話題，我就會一直以炒熱場子、讓賓主盡歡爲已任，陪害羞的朋友熟悉大家，自己開自己玩笑讓大家開心，男友在的話一定要給他面子，朋友要幫忙掩護、要擋駕的也沒問題，若有人有喜歡的對象我一定努力幫忙。最後搞得自己很累，那些淑女們個個還是坐得好好的扮演氣質小公主，里長伯本著服務的熱血精神，最後

只剩「襯托別人氣質」的功能。

但是，我眞的很開心我可以當這樣的人。

我認識很多這樣的女生，活潑大方、外向又隨和，我很喜歡跟這樣的女生做朋友，因爲我們直來直往，不必要心機。很多人誤以爲活潑外向的女生一定交過比較多男友、一定比較不乖，但是老實說，我這輩子認識許多眞正情場高手、劈腿達人、耍曖昧界的教主、私生活最誇張的，都不是這些活潑外向看起來好像交過很多男友的女生。

台語說的「墊墊吃三碗公」才是眞正的犀利，這句話用在做作女身上眞的再精闢也不爲過。

以我個性爲例，我交男友一定跟全世界廣播，從不會演那種「我現在單身、我很多人追、我們眞的只是朋友」這種藝人才會說的台詞，但是很多人交過多少男友都不會公布，就算分手也不會承認在一起過。我若劈腿會忍不住到處跟朋友講，做壞事一定會讓大家知道，實在無法有秘密放心裡，所以我們才眞的不敢做壞事。

所以各位無知的男士，眞正的bitch不是那些會跟人幹架、直接罵髒話的女人，而是那些你誤以爲純眞無邪的虛僞小天使。我這輩子認識太多披著小天使外衣的女人了，她們交過的男友是我們的三倍，但男生只會以爲是三位；她們看來有氣質，那是因爲那些沒氣質的事都有人幫她們做；她們會跟你說她們什麼都不懂，但請相信，她們懂得絕對比你多，十八招武藝樣樣精通。

我從來不討厭她們，我羨慕、我激賞，我會跟她們做朋友。因爲我很了解我自己，我不需要穿上文靜的外衣來跟喜歡我的男人展示我很乖，我覺得自己很乖，即使別人會誤會我，但懂得欣賞我的人會了解我。

請注意，我不是在批評文靜這件事喔，而是「文靜等於乖巧」這樣的邏輯。我認識不少眞正文靜又有氣質表裡如一的人，我很喜歡並樂於跟她們做朋友。我討厭的只是那些假文靜裝乖的做作女，在男人面前一個樣、女人面前一個樣。我也想爲許多不夠文靜但也絕對乖巧的女生發出一些不平之鳴。

我不用靠裝氣質才有人愛、有飯吃，因爲我知道眞正的氣質絕對不只是少說幾句話、不要大笑、穿上名牌洋裝故做優雅就可以長久。

我不用把自己變成「白紙」來代表自己是個乖女生，我人生中所遇過的挫折、難堪、不順遂、不快樂的經驗，都可以讓我變成更好的人，比白紙更強韌有力。

我不用假裝自己是活在天堂的天使，而是要把我生命中每一個不美好的角落都變成天堂。

但是，不文靜又怎樣，不乖巧又怎樣？這世界還是有很多懂得欣賞妳的人。

他愛妳，不是因爲妳很乖巧，他愛妳，那是因爲他愛的是「眞正的妳」！

至於那些喜歡天使外衣的男人，就讓他們活在幻想的世界吧！拜拜！

男友不是妳的生活重心

一個女人要活得快樂就是「愛自己」、而且對方也愛的是「妳愛的自己」，而不是妳搞不清楚這是不是妳喜歡的模樣，就急著去扮演他喜歡的樣子。

很多人跟我抱怨感情問題，我發現最大的問題都是，她們把生活的重心全放在男友身上。我個人認為，這是一件非常可怕的事。

這些女人的生活重心就是戀愛、男友，於是對她們來說，家人、工作、朋友，以及自己的生活都沒有男友來得重要。於是她們患得患失，每天掛念、擔心、焦慮的就是男友，她們會為了男友整天不想工作、不想念書、什麼正事都不想做，甚至只要男友說一句：「我不喜歡妳的××……」她會為了配合他的喜好，拋棄自己的理想、興趣、朋友，以及好不容易努力的成果，她們認為無條件的服從與犧牲就是真愛。

她們好像喪失了自由意識，男友想做什麼、想說什麼比她自己想說什麼、想做什麼重要。於是妳會常常聽到她們的口頭禪是：「我男友說……」十句話有八句都是以她男友說什

麼爲開頭，更可怕的是很多人的口頭禪是「我家哈尼（honey）說」「我家北鼻（baby）說」「我的小寶貝說」，說眞的我們一般人對妳們私下的暱稱，把肉麻當有趣沒多大興趣；而且，妳男友說什麼我也沒多大興趣聽，我想聽妳說什麼而不是妳男友說什麼，可不可以不要每句話都是「我男友說」，那我跟妳男友聊天就好了幹嘛跟妳聊天，無聊死了。

還有一種女生會爲了男友改變自己的興趣、想法、判斷能力，妳跟她約好看什麼電影，她也明明很想看，但最後她會拒絕妳：「因爲我男友不喜歡那一部電影，所以我還是不要去看好了。」或是約好去吃什麼，她明明也很想吃，但她臨時放妳鴿子，因爲她說：「我男友不喜歡吃那個，所以我就不跟妳們去吃了。」

妳生氣的跟她說：「妳有沒有一點主見啊？」她會跟妳說：「因爲他愛我，所以他才管我啊！」她們認爲「聽話」等於「被愛」，男友對她的「限制」就是「愛她」，於是不去評斷是非對錯，忘了自己的想法，失去了思考分辨的能力，因爲愛情是盲目的，所以不如盲從到底。

記得以前曾有個朋友的男友不准她和我出去，因爲他覺得我是危險人物，跟我出去會喝酒、會去危險的地方、會認識太多異性朋友（明明就是她男友自己很遜所以沒有自信），所以我朋友很聽話很久都不跟我見面，後來她男友劈腿分手，才知道他都不去「危險的地方」，所以都帶女生回家，果然最安全就是最危險的地方。

有的女生一交了男友，就把男友當生活的重心，不管做什麼事情都要男友陪，去哪都要

像連體嬰般隨身攜帶男友，男友不陪她就會說：「你不愛我！」

有的女生一交了男友，會「有異性沒人性」的自動從朋友圈中人間蒸發，她也不想交朋友，更不敢跟異性聯絡，把自己的生活圈縮小到只有自己和男友，她的世界越來越小。每天只擔心男友爲什麼不接電話，男友現在在幹嘛，男友爲什麼工作太忙不陪她，男友是不是會劈腿，男友怎樣怎樣……每天把自己搞得像神經病一樣患得患失，望著手機等著他打過來，所以她很不開心，可惜平日太重色輕友，連抱怨也沒人想聽。

分手後，她精神崩潰，因爲她失去了生活重心，也失去了朋友。所以她就算明知男友很爛，她還是會拚命挽回他，因爲她沒有他就不知道怎麼生活。她寧可跟爛人在一起，至少她生活還有重心。

有的女生一交了男友後，會奮不顧身的拋下身邊的親人朋友工作生活，還有自己原本的個性喜好，去成爲男友想要的樣子。最後她越來越沒有自信，因爲她已經忘了自己到底是什麼樣子。

有的女生妳明明覺得她很好，但是她一談戀愛就失去自信，怕男友覺得她不夠美、不夠瘦，怕男友覺得她哪裡不夠好。她做的所有事情都是爲了讓男朋友喜歡，但從來不去想到底自己喜不喜歡這樣。

我不懂的是，如果妳男友喜歡的不是妳本來的樣子，他去喜歡別人就好，爲什麼妳要改變成不像自己的人，去讓他喜歡妳？

就像如果我男友嫌我胖，我會說：「對啊，我不是紙片人。」然後繼續大吃。嫌我矮，我會說：「對啊，我腿短。」可是我矮得很有自信。嫌我不美，我會說：「對啊，你去喜歡正妹吧。」你覺得我不正我照樣活得很開心。嫌我衣服不好看，我會說：「不會啊，我很喜歡。」對我來說，我是什麼人、我喜歡什麼，你喜歡我就要接受，就算你不喜歡，也要試著去接受、學著去喜歡。不然你幹嘛跟我在一起？（不過當然有缺點就要改善，但不是要把自己變成不像自己的人。）

如果我只要改變自己你就會更愛我，只要有人願意爲你量身訂做你就會喜歡，那麼每個女人都可以取代我，你又何必跟我在一起？

不要當一個任何人都可以取代的女人。

一個女人要活得快樂就是當一個「愛自己」而且對方也愛的是「妳愛的自己」，而不是妳搞不清楚這是不是妳喜歡的模樣，就急著去扮演他喜歡的樣子。然後妳會沒自信，因爲妳隨時都怕自己扮演不好「他喜歡的樣子」，永遠怕別人會取代、遞補妳的位子。

很多人問我如何過得快樂，我說，第一件事就是不要把男友當成生活的重心，我不認爲談了戀愛代表「我有人要」就可以讓自己停滯不前、不再進步。即使談了戀愛，也是要注重自己外在和內在（我個人挺不能理解爲何很多漂亮女生談了戀愛後覺得感情穩定就開始邋遢變歐巴桑，老實說男人會劈腿，女生自己也要負點責任，眞愛是一回事，但不代表眞愛就會模糊男人的視線）。

即使戀愛後也要提升自己、充實自己、豐富自己的生活經驗，讓兩個人在一起是不斷進步的。

不要把男友當生活重心的意思，並不是代表妳不重視他，而是妳也要懂得重視自己的生活，即使自己一人也可以怡然自得，不會沒有人陪就慌張失措。如果怕自己患得患失每天緊迫盯人，就把自己弄得忙碌一點嘛！多花點時間去跟朋友聚會、學點東西、多看書、甚至培養其他嗜好興趣，增進自己的人脈和見聞，這樣懂得不斷提升自己質感與魅力的女人，才能經得起時間的考驗。

即使妳不幸失去愛情，妳的生活也不會頓時一無所有，妳也不會覺得自己白活了那些時間。妳的世界也不會因爲失去一個男友就瞬間毀滅。

男人在妳的生活不是第一，不是唯一，更不是妳生活的重心。

信任不是盲從

感情裡最珍貴、最動人的一句話不是「我愛你」，而是「我信任你」。

信任，是感情最重要的基礎，卻也是現代人談戀愛最容易缺乏的東西。

在這個劈腿偷吃早已見怪不怪的年代，感情裡的忠誠成爲最珍貴稀有的美德。

不知爲何，我總是聽到許多人有著「缺乏信任感」的危機意識，難以相信愛情、相信對方，忍不住會猜測、會詢問、會懷疑對方是不是有欺騙自己，更多的人是明明已經發現了被欺騙的證據，質問對方，卻換來他生氣的一句話：「爲什麼妳不信任我？」

於是最後變成，妳查他，妳變罪人；妳懷疑他，妳變小人；妳抓到他，妳變壞人。

妳不信任他，妳便啞口無言，做賊喊抓賊，不管他做了什麼事，妳不信任他，就是妳錯在先，妳調查他，就是妳犯了錯，妳拿了不信任他而得到的證據，就是妳不光明磊落。

他只要說：「爲什麼妳不信任我？」

這一切，都變成妳的錯。

我觀察到一個很有趣的現象，只要自己有錯在先，卻被人抓到犯錯的人，第一個反應一定是惱羞成怒，他不會想辦法去跟妳解釋妳誤會他、他有多無辜，而是怪罪妳爲何不信任他。

有的人很討厭別人看他的手機（廢話，人活得好好的誰想要沒事看別人手機），但偏偏就是每一次心血來潮看了對方的手機，就一定會看到不該看到的東西。久而久之，對方就把手機當做自己的性命一般，寧可妳殺了他，也不願意讓妳看到他的手機。或是設定開機密碼，簡訊刪光光，他會告訴妳，「因爲怕手機資料被盜所以要設定密碼」「因爲怕手機容量不夠所以刪簡訊」，天曉得他以前從不擔心手機被盜，或是他笨到以爲妳會相信因爲簡訊占了容量所以才要刪，這種人，平日不做虧心事，又何必怕半夜鬼敲門？

如果我眞的光明磊落，我會自動把手機隨時交給對方，我會影印一份手機通話紀錄帳單給對方以示交友清白，我會在他面前接聽任何一通電話而不會總是把手機關靜音，我會用盡所有方法讓對方知道我有誠意讓他相信我，而不是怪罪對方爲何要侵犯我的隱私。

妳愛一個人，才不會用隱私來當做擋箭牌，妳還恨不得告訴他妳的祖宗十八代、生辰八字、經期不順、便秘困擾，妳才不會說：「不要問，這是我的隱私。」

有的人會說：「愛我就要信任我。」於是許多人因爲愛把自己戳瞎裝聾作啞，成了聾子瞎子才有辦法說服自己信任他，這樣的信任，根本只是盲從。

很多人明明知道對方欺騙自己，明明找到證據，卻因爲「不敢和對方分手」而說服自己

信任他，因爲沒有了信任，攤牌後，這段感情就沒有辦法走下去。這樣的「信任」或許僞裝得太辛苦。

而每受過一次傷，每談一段戀情總是擔心害怕自己又會被騙被傷害，許多人總是有被害妄想症，對他們來說，信任是多麼珍貴又多麼脆弱的東西，當妳被劈腿過、被傷害過，妳要鼓起勇氣再去相信愛情、相信下一個對象，是多麼困難的事。

如果妳和這樣的人在一起，請妳包容他的敏感、體諒他的擔心害怕，當他願意給妳最大的信任，也請珍惜、請相信他鼓起了多大的勇氣。

他們是多麼的脆弱，卻又多麼的勇敢，願意在一次次受傷後，鼓起勇氣再愛一次。

我們討厭不信任對方的自己，卻又希望在我們每次討厭自己爲何不相信你的矛盾時刻，你可以給我們百分之百的信心，你不懂，那會是多麼大的恩惠。

我們討厭懷疑你、調查你的那個時刻，我們顫抖、心慌、害怕，我們覺得自己好醜陋、好不安、好不堪，但我們多希望到最後事實可以證明我們的第六感是錯的。

只有這個時候，我們一點也不想有贏的感覺。

每個人都希望被信任，每個人都希望擁有安全感，每個人都希望可以百分之百相信對方。可是，當我們要的越多的時候，我們到底給了對方多少？

你希望我信任你，但是，你又做了多少事情，值得讓人信任？

如果你愛一個人，你會誠意十足、掏心掏肺，你會理直氣壯、想盡辦法的讓他相信你，

證明自己是一個值得被信任的人。你不會怪別人爲什麼不相信你，因爲讓人信任，本來就是一件輕而易舉的事，如果你有心的話。

你甚至會開心，至少對方多麼重視你。他吃你的醋，你高興都還來不及。

感情裡最珍貴、最動人的一句話不是「我愛你」，而是「我信任你」。

切記，信任不是盲從，信任是最珍貴的美德。

如果你愛一個人，請不要先責怪對方：「爲什麼你不信任我？」

而是先回頭想想，你做了什麼事值得令人信任。

都是第三者的錯？

妳不能阻擋別人喜歡妳男友，但是妳男友可以阻擋別人不要來喜歡他。
老實說，要是他硬不起來，誰又能強暴得了他？

在這個劈腿不稀奇的時代，很多人都說：「為什麼有這麼多第三者？」我常聽到很多網友罵第三者，責怪那些搶了他男／女友的人：「我不懂，為什麼他們那麼不要臉？」

老實說，我也遇過第三者，但是我從來不曾去罵、去責怪那些第三者、討人厭的前女友、或是心懷不軌的紅粉知己。我也會討厭他們，但是我更同情他們。我覺得要用這種不光彩的方法獲得愛情的人很可憐，所以我對他們的同情勝過討厭，所以我不討厭他們，甚至我還可以跟他們成為朋友。

我曾經發現我以前的男友劈腿的時候，我從頭到尾也沒有對那位女生說過什麼話，做過什麼動作。甚至我也不會像很多人一樣去追查對方、去嗆聲、去謾罵，因為我從不覺得錯的

是她們。

如果妳的男友夠好、夠帥、夠優秀，當然會有很多女人喜歡他。妳不能阻擋別人來喜歡、欣賞，甚至來搶奪妳的男友，這本來就是一個公平競爭的社會，只要男未婚、女未嫁，殘酷的現實就是，感情本來就沒有什麼先來後到的眞理。

妳不能阻擋別人喜歡妳男友，但是妳男友可以阻擋別人不要來喜歡他。

如果妳今天要責怪第三者搶了妳男友，爲何妳不責怪自己男友意志不堅、用下半身思考？

說難聽一點，難道妳以爲妳男友是被強暴的嗎？老實說，要是他硬不起來，誰又能強暴得了他？

不要自己騙自己了，不要以爲他多無辜，他是受害者，別的第三者都是毒蛇猛獸。事實上，最大的問題都是在他身上。妳要怪第三者，難道他今天劈一個妳就要怪一個，劈兩個妳就要怪兩個，都是別人的錯，妳男友就沒有錯嗎？

我每次都覺得，很多時候很多女人互相謾罵責怪，搞得世界大亂時，做錯事的男人反而無事一身輕，這才是最可笑的。很多人不甘心的去爭奪的時候，即使爭得誰贏誰輸，又如何？妳贏到的人，也不過是個劈腿爛咖，妳搶到了又如何？難道妳以爲妳獲得最後的勝利，贏得「劈腿男爭奪賽」的冠軍，妳就很風光嗎？

要是我，我不會去爭，這種人，就留給第三者去慢慢使用吧。而且，我絕對百分之百祝

福他，如果他們結婚我也一定會包禮金。就像以前劈腿的男友分手後迅速交了新女友，或是分手後繼續跟他前女友死纏爛打，我絕對是百分之百祝福他們，以上絕不虛僞、絕對眞心。因爲，我眞的非常感謝他們。

我願意相信他們是眞愛。否則他們也不願意愛得這麼不光彩。

我不責怪第三者，不代表我支持他們，不代表我認爲第三者無罪想要幫他們說句話。而是我希望大家在一味責怪別人的時候，先想想，到底最大的問題是在誰身上。

至於我本人，因爲我極度討厭第三者的行爲，所以我這輩子都不可能去當第三者。因爲我討厭見不得光、不能公開、上不了檯面的事情，身爲一個「視名分爲一切」的老派魔羯女，要我去當一個沒人疼的大老婆還是被寵愛的小老婆，我一定要當大老婆，沒人愛也沒關係，我就是要當大的。對我來說，沒名沒分，即使嘴巴上說有多愛都是屁。

更何況，如果他眞的有多愛妳，爲何連名分也給不起？不要自己騙自己了。

至於許多當第三者還等待有一天扶正的人，我只能奉勸各位：「妳怎麼得到他，有一天妳也會用同樣的方式失去他。」爭贏了又如何？重點是，這種對感情不忠、不懂得尊重人的爛人，有什麼値得去爭？搶得面紅耳赤，眞是吃相難看到極點。

他因爲妳而傷害別人，他在妳面前如何殘酷無情的對待前女友，妳也不用太開心，因爲將來，他可能也會用同樣的方式對妳。

不用怪第三者，妳要感謝他們，幫妳把不忠誠的爛人領養走。妳一定要好好祝福他們百

年好合、長命百歲，而且是眞心祝福他們。

然後請相信，他離開了妳，妳的未來絕對會過得比他們好。（事實上也通常是這樣。）

因爲，大部分的第三者，最後還是會被第四者幹掉。

妳這一輩子都會感謝第三者，他們才是妳人生中的貴人。

愛情，只是一道甜點！

20幾歲的妳，應該要多談幾次戀愛，多認識一些異性朋友，愛情，不是妳的主菜，只是一道甜點！

常去校園演講，接觸許多20出頭青春年華的女生，爲了感情的困擾問了我許多問題。現在的年輕一輩接觸的資訊多，談戀愛的年紀不斷下降，學生時代幾乎都有了戀愛經驗，這讓我想起了以前學生時代的戀情，回頭想想，那些曾經以爲是刻骨銘心的戀情，以爲永遠不會改變的的愛情，多麼轟轟烈烈，但事過境遷卻發現當時自以爲很偉大，其實又多麼渺小而已。

因爲那時候的我，根本不知道自己需要的、適合的是什麼，甚至連自己未來要做什麼都不知道，又怎麼能把愛情當做人生中的第一個選項呢？

看著那些爲愛情所苦的女孩，我常想跟她們說，等妳一兩年後回頭看自己，會覺得現在的痛苦和心痛是多麼的微不足道，妳會發現，原來妳會復原、妳會見異思遷，妳會忘了一個

人，妳也會在下一秒愛上別人。

於是，妳會後悔當時的自己爲何要爲了愛情把自己搞得人不像人鬼不像鬼？爲何要爲了不愛妳的人傷害自己？爲何要爲自私的他放棄妳的興趣和目標？爲何要自殘？爲何要浪費那麼多時間爲不愛妳的人流淚？

年輕的時候，我們以爲愛情很偉大，於是我們犧牲了與家人相聚的時間、與好友在一起的時間、念書充電工作的時間，去談戀愛。我們把男友放在生活的第一順位，把時間都留給了他，把愛情當做生活的重心，但是當我們越自以爲犧牲奉獻努力付出，越不開心、不滿足，因爲我們太過在意對方，而忽略了自己。

因爲，我們當把愛情當做了生活中的主菜，沒有愛情會餓死，沒有男友會失去生活目標，沒有談戀愛就好可憐，當愛情成了主菜，妳開始患得患失，點錯了菜，一道餐就毀了。選錯了男友，妳的生活也毀了。

但是，愛情從來就不應該是妳的主菜啊！

沒有愛情會餓死，沒有人愛會死，於是妳總是會點錯菜、愛錯人，卻又強迫自己吃下肚、愛下去。因爲沒有主菜的餐點會不完整，沒有男友的生活也會不完美。

如果換個角度想呢？把愛情當做甜點而不是主菜。

沒有甜點不會餓死，甜點只是生活中快樂的點綴，甜蜜的生活樂趣，妳不想吃也沒關係，妳想多看看有什麼甜點也沒關係，妳不會飢不擇食亂吃一通，也不會爲了空虛寂寞不挑

食。

愛情是甜點，所以請盡可能的挑個讓妳心裡甜蜜、生活甜美，每天自信又開心的對象在一起，而不是找個讓妳受苦、哭泣、沒有自尊、沒有信心的對象，整天過得苦哈哈的，失去了光芒、美麗、自信。

20幾歲的妳，應該多認識一些異性，不要井底之蛙的只看得見幾個男人，只能從一群爛人中挑比較不爛的。異性會告訴妳怎麼跟異性相處、怎麼溝通，他們會幫妳鑑定對象，必要的時候提供妳追求的戰略和幫妳一把。

妳可以多談幾段戀愛，因爲妳現在交往的對象通常不會是妳結婚的對象，妳透過「刪去法」刪掉那些不適合妳、妳不需要的對象，了解什麼是「喜歡與適合的不同」，遇到不好的、不適合的、不能讓妳快樂的，請快點離開，少拖一個月是一個月，沒離開不對的，妳怎麼可能會遇到對的？就算遇到對的、好的，也會因爲妳還卡在不對的、不好的人身邊，而錯過許多好機會。

多談幾段戀愛不是要妳濫交、隨便，不尊重自己價值，而是要妳在30歲以前、結婚以前了解妳到底需要的是什麼對象，犯過的錯誤不再犯，跌過跤的地方不要再跌，傻過了、錯過了，就要馬上站起來往前走，再也不要回頭看。

不愛妳、不尊重妳、不珍惜妳，不能讓妳快樂的人，沒有必要浪費妳寶貴的生命與青春去耗費。

甜點不好吃，就換下一道；男人不好，就換下一個。

妳的主菜應該是妳的課業、工作、家人、朋友、夢想和興趣，一個女人如果這些都沒有了，只有愛情，那是多麼可悲的事。妳的男友隨時會離開妳，但是妳的家人不會、朋友不會；妳的男友就算隨時會回妳身邊，但是妳的夢想、工作、興趣說不定就再也沒有機會回到妳的身邊。

爲愛失去一切、放棄一切，只要愛情的女人，永遠只有餓死的分。

有錢才能眞正獨立、讓自己過得更好；有專業能力才能讓自己不被淘汰、生存下來；有夢想才能讓妳發光發熱，不斷前進；有知識才能有力量、有權力；有家人朋友才能在人生的路上有人不離不棄陪伴妳。如果一個男人愛妳，他會希望妳有錢、有能力、有知識、有夢想，有家人朋友，這樣的男人，才是值得妳愛的人。

當妳空虛、飢餓、寂寞的時候，請先把自己的生活塡飽，再來談戀愛。

永遠記得這一點，愛情，只是一道甜點！

Part 4

寫給30幾歲的妳：成爲一個「値得更好」的女人

30 歲的妳，要過什麼樣的人生，靠的是自己後天的努力，
女人30要向前走，讓自己永遠進步，絕不退步，
請讓自己成為一位「值得更好」的女人，
不必浪費時間在不值得的人事物上，妳不是20幾歲的女孩了，
請相信自己絕對值得擁有更幸福快樂的人生！

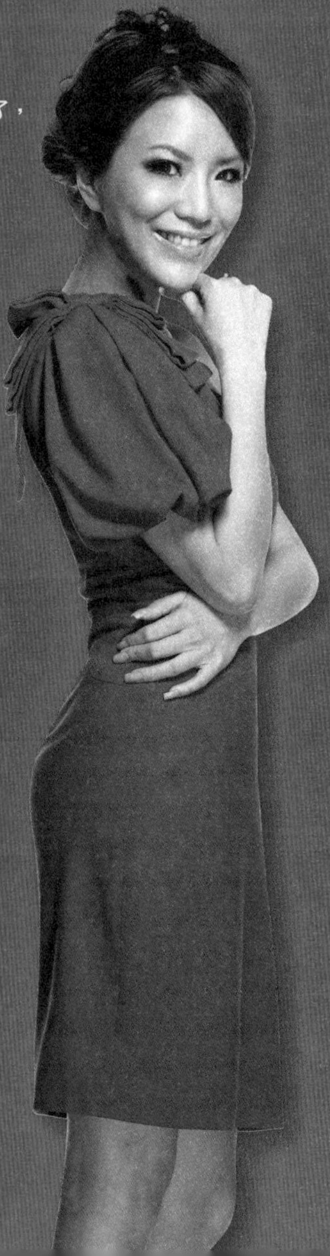

完美女友強迫症

真正珍惜妳的人，會讓妳無時無刻都覺得自己是最棒、最好的女人。真正愛妳的人，不會讓妳覺得自己不夠好，而是即使妳不完美，他都能愛上妳的缺點。

「我男友說，我不是好女人。」

有個女生失戀了，哭著跟我說他的男友嫌她不是好女人，我說：「他都要跟妳分手了，就算他說妳是好女人，那又怎樣？」

妳是好還是壞，還不是一樣都是分手，難道他說：「對不起，妳是好女人，可是我要跟妳分手。」妳聽了會比較爽快嗎？

我不懂，爲什麼很多女人談了戀愛就想要從男人手中領取「好女人獎狀」，她們不在意自己是不是愛不對人、看錯了人，反而在意的是：「我是不是好女人？」即使分手了，也要對方覺得自己是好女人，這樣才能功成身退、光榮退休，手中緊抱沒人要的愛情墓碑，卻自以爲是優質好女人的榮譽獎盃。

我聽過許多女生難過的說，被分手的男友刺傷的話：「我不喜歡妳的過去。」（不喜歡幹嘛當初要在一起，在一起之後又要嫌人家過去，你才有病。）或是「我不喜歡妳交過的前男友。」（道理同上，不喜歡幹嘛要在一起？你不喜歡我的前男友，很抱歉你也會變成我的前男友。）甚至還有「我不喜歡妳的家人」「我覺得妳很髒」「妳很好，妳可以找到更好的男人」……

那個女生哭著說，她爲了男友不斷的委屈自己，怕男友生氣所以不敢抱怨自己的情緒，怕男友嫌她黏所以故做大方，怕男友嫌她小氣所以讓他和紅粉知己出去，怕男友嫌她敗家所以約會不敢吃好的，怕男友嫌她不夠瘦所以努力減肥，怕男友罵她不成熟懂事所以接受他任何無理的要求，最後，怕男友分手後覺得她不是最愛，所以努力做個最好的前女友。

她努力做個完美女友，甚至分手了還想當最完美的前女友。

我說：「爲什麼妳要強迫自己去當一個『好女人』？」難道好女人就一定愛情順利、幸福快樂，有完美的人生？但是爲什麼，我們身邊有太多「好女人」卻過著不怎麼好的人生？

當一個自以爲是的「好女人」，眞的會比較快樂嗎？

我想起我自己，我以前也總是愛上了一個人就忍不住想當一個好女友，於是我試做一個EQ高、脾氣好、明理懂事、聰明體貼、不吵不鬧的好女友，甚至連自己不開心的時候都要反省自己是不是不夠成熟，生氣的時候都要忍耐不亂發脾氣、不吵架、不口出惡言，難過的時候要先整理好自己的情緒，想哭的時候試著忍住自己的眼淚。

我努力做一個好女友，以不製造男友麻煩、不增加他的負擔，不讓他不方便、不開心、

不會沒面子作爲好女友的指標，我和他的家人、朋友、同事、任何他認識的人甚至他家的狗都可以做好朋友，我怕他辛苦所以接送他、買便當、訂餐廳、訂電影票、訂機票，我用心和他的好哥兒們當好朋友，連他的紅粉知己都掏心掏肺當朋友，他的前女友生日我還會提醒他記得打電話說生日快樂。我了解他的工作、喜歡他的興趣、用心參與他的生活……

我努力當個好人、好女人、好女友，好到連分手後他的家人都跟我說對不起，是他沒有福氣，可是，他需要的卻不是我這樣的女人。

甚至之前男友跟我分手的時候，最令我難過的居然不是他愛不愛我，而是我是不是一個好女友。

以前我會疑惑，爲什麼很多好女人都不一定幸福快樂？爲什麼她們對男友很好，卻總是讓男人更不懂珍惜？爲什麼我們總是爲他好，但是他卻不明瞭？後來我才知道，原來我們都只是自以爲是的對他好，他會對妳有多好，跟妳有多好根本一點也不相關。

當好人，不會比較幸福，當好女人，也不會比較快樂。

拿好人卡不算什麼，拿了「好女友卡」才叫慘，拿到「前好女友卡」才眞的叫悶。

我的朋友聽完我說的冷笑話，忍不住破涕爲笑：「也是，我何必爲了一個不愛我的男人對我的羞辱難過，就算我是好女人又怎樣，他還是一樣會離開我。」

「對啊，他會說『妳很好，可惜我配不上妳』『妳太好，所以我不敢跟妳在一起』『妳是好女人，對不起，我不適合妳』，但終究不是妳好不好，而是他不夠喜歡妳。」

「所以，何必爲了不夠喜歡妳的男人來否定自己！」她釋懷的大笑。

雖然我們總是忍不住想對他好、想要當他心目中最棒的完美女友……但是親愛的，我也是花了很多時間與眼淚，後來才明瞭，眞正珍惜妳的人，會讓妳無時無刻都覺得自己是最棒、最好的女人。眞正愛妳的人，不會讓妳覺得自己不夠好，而是即使妳不完美，他都能愛上妳的缺點。

雖然，好女生不一定會有幸福快樂的人生，但是，相信自己夠好，妳就能相信自己絕對值得擁有更幸福快樂的人生。

所以，再也不要強迫自己去當一位完美女友，不要怕他覺得妳不夠好，只怕他配不上妳對他的好。

不能跟男友說的話

如果妳必須偽裝得一點也不像自己去讓對方更喜歡妳……那麼，為什麼不找一個可以讓妳「愛得像妳自己」的人？

他可以愛上妳的優點，也可以愛上妳的缺點。

「女人絕對不能讓男友知道妳有多愛他。」

有一次採訪，聽到一位資深兩性專家說：「女人不能讓男友知道妳有多愛他，這樣他才會爲了愛妳付出一切。男人剛好相反，男人只要讓女人知道你很愛她，那麼，無論你犯什麼錯，女人就會爲你付出一切。」

她笑著說：「這是我活到現在發現的鐵律，而且身邊所有的男女都認同！」我細細的咀嚼她這段話的含意，忍不住笑了出來，深表贊同她對男女不同之處的細膩觀察。

「但是，不告訴男友妳有多愛他，眞的很難啊！」我忍不住提問。

「所以囉，大部分的女人就敗在這一點，只要妳忍住不要讓他知道妳很愛他，不要一天到

晚說愛他，他就會更愛妳、爲了得到妳的愛付出一切。」

我想起每次我愛上一個人，我總是無時無刻的想告訴他，我有多麼愛他。但是，若要違反我自己的本意去隱藏自己想告訴他「我好愛你」的事實，來讓他更愛我，這樣，我會比較快樂嗎？

我想起很多市面上所謂可以讓妳變聰明的兩性教戰手冊、身邊許多愛情軍師朋友常說：「不要每天疑心病去懷疑妳男友，不要變成一直愛查勤的女人，這樣男人會不想跟妳講實話。」「不要他每次約妳都去赴約，要懂得欲擒故縱才是王道。」「打電話給他沒接的話，不要打超過兩通，這樣會顯得妳心急如焚的想要奪命追蹤。」「不要讓男人厭煩，要懂得吊他胃口，要假裝自己還是很多人追，沒辦法，誰叫男人天生就是獵人性格。」「妻不如妾，妾不如偷，偷不如偷不著，這是千古不變的鐵律啊！」……

但是，事實上……

我們總是忍不住想查勤、忍不住發現什麼蛛絲馬跡想要懷疑對方是不是不忠誠；我們明明很想每次他約都跟他出去；我們打電話給他超過兩通沒接就會忍不住打第三通；我們愛上一個人後，眼裡只有他，我們根本不想要給別人追、假裝抬高自己身價；我們很愛他，我們不想要每天玩遊戲、要愛情的小把戲，只是爲了讓他辛苦、讓自己爽；我們不想當妾、也不想假裝是他追不到的女神，我們只想當妻、只要當正牌女友……這樣不好嗎？

我們只想要好好的去愛，不要心機、不用猜疑的拿出眞心，用最坦然、最眞誠、最笨拙

的方式去愛一個人。難道，這樣「不夠聰明」的去愛就會吃虧受傷？但是，我們眞的很不想去當一個不快樂的「聰明女人」啊！

我們只想用心去愛，而不是用腦談戀愛啊！

最近總是遇到很多談戀愛談得很「小心翼翼」的女生跟我訴苦，她們做很多事、說很多話都怕男生會不喜歡。有個女生偷看男友手機發現不該看的簡訊，自己痛苦難過卻不敢當面質問男友，因爲她怕男友怪她不信任他，她說：「我很討厭自己這樣愛懷疑對方，可是每次我一懷疑一定會發現什麼我不知道的事情，我不知道要當個信任對方的傻子還是個討人厭的瘋女人？」

有個女生很討厭男友的紅粉知己，她明知道對方不懷好意，卻又要裝大方讓男友跟她出去。她說：「我怕男友覺得我太小氣，但是他有沒有想過我的感受？我總是要當個明理的好女人，可是我眞的很想告訴他我在吃醋，我就是不喜歡他的紅粉知己，爲什麼我還要假裝當個好人？」

有個女生很不喜歡男友的前女友仗著認識他的朋友，不斷的介入他們的生活圈。她說：「我眞的不懂啊，我跟前男友分手都可以不聯絡，我體諒他的感受不讓他覺得有任何不舒服，但是我體諒別人，誰來體諒我？」

有個女生每天總是擔心女人緣好的男友是不是又跟別的女生出去。她說：「我好怕打電話給他問他在哪裡、在幹嘛、跟誰在一起……這樣把我自己搞得好像神經病一樣，但是我眞

的很想知道他在哪裡、在幹嘛、跟誰在一起。」

那一些要裝作明理、信任、貼心、懂事、大方，以及聰明的女人，眞的好累。但是她們一旦想要表達眞正的心情時，又害怕男友不愛自己的行爲，坦白自己的自私與愚蠢眞的需要很大的風險。

她們不想要心機，她們常問：「爲什麼我愛得這麼累？」「我好委屈！」「我好不愛我自己……」

我只想跟她們講的是，其實是妳們愛錯了人。

如果有人要說，有很多不能跟男友坦白說的話，妳必須要違背自己的心意去獲得一段愛情，妳必須僞裝一點不像自己去讓對方更喜歡妳……那麼，爲什麼不找一個可以讓妳「愛得像妳自己」的人？

他可以愛上妳的優點，也可以愛上妳的缺點。

如果不能讓男友知道妳有多愛他，他才會懂得珍惜妳。我倒希望妳能夠找到一個「妳可以坦然的告訴他妳很愛他、很在乎他，他會感激，並且會更愛妳」的男人。

或許這並不是容易的事，但我相信，一定會有這樣的人存在。

我想用心去愛，而不是用腦。如果可以，誰又想當「聰明的女人」？

好男人在哪裡？

很多人都問：「為什麼我都找不到好對象？」
我的想法是，當妳想要找到一個好對象前，也先把自己變成一位「好對象」吧！

現在一天到晚聽到單身的朋友問：「幫我介紹好男人、好女人吧！」遇到男生這麼問，我會開心的說：「好啊！我認識很多好女人！」遇到女生這麼問，我總是沉默很久，尷尬的跟她講：「我好像沒認識什麼單身的好男人可以介紹。」

於是我在想，到底是我男生朋友認識的太少，女生朋友太多，還是我對男女的標準不一樣？但是既然要介紹給朋友，當然是要拍胸脯掛保證的好，我才敢介紹，有很多女生我可以大聲的拍胸脯說：「她眞的很好！要是我是男生一定追她！」但是要我用名譽拍胸脯保證「這個男生眞的很好，要是我單身我一定也要追他」的男生，我居然要努力想很久……

我在想，或許是我已經有男友了，所以認識優質的、單身的男生不夠多，所以我問問那些也常被人委託介紹對象的男生朋友，看他們是不是跟我的情況相反……

A男雖然死會但是因爲條件好、人又好，所以理所當然大家都覺得他一定也認識不少跟他一樣優質的單身男，所以他終日受到來自各方女性好友的委託：「請介紹我一個好男人吧！」

他總是很無奈，很怕每次聚會遇到單身女生一直逼他介紹男生。他老實說：「因爲我自己是男人，我更會看男人。要我介紹給那些女生她們要的對象，老實說不是有女友就是已結婚，要不就是花心大少活到老玩到老，再不然就是個怪咖，不是我不幫，而是我眞的沒有人選可以幫她們介紹。」

B男是個人面廣的派對動物，不管到哪個派對哪個社交活動一定會看到他，也因爲他人脈廣，受到的委託案不計其數。他說：「我當然有認識很多大家眼中的優質單身男，但是妳們看的是表面條件，那些人私底下怎麼玩，妳怎麼可能看得到？再說，介紹也有很大的風險，如果分手了，要我選邊站嗎？所以我只負責介紹大家當朋友，不幫人介紹男女朋友。」果然是誰都不得罪的聰明人。

C男說：「每次女生要我幫她介紹，問她條件她總是說聊得來、順眼就好，殊不知『順眼』的標準有多高？老實說，很多人都以爲自己在挑人，其實別人也會挑她啊！如果她自己條件不夠好，我怎麼敢亂介紹？」這讓我想到也有很多男生叫女生朋友幫他介紹女生，明明自己不怎麼樣還要嫌女生不夠漂亮或是身材不夠好，我每次都很想說：「先生，我知道你不帥，但也不用像個色狼一樣吧！」你自己站著低頭都看不到自己的腳趾（腳趾是比較好聽的

說法），還要嫌女生不夠瘦，眞是夠了，你還是回家看相簿美女或A片中美女與野獸的世界就好吧！

男生重視外表，女生也是。說眞的我也有認識幾個很好的男生，他們不會耍帥、不會撒錢、不會甜言蜜語，也不會在第一次聊天就跟妳要照片、第三次約會就想帶妳開房間；但是，他們要女生朋友幫他介紹女朋友總是被打槍，因爲，他們不夠好看。

男嫌女、女嫌男，眞是個人吃人的世界，要當個好的介紹人，的確需要相當的自信與莫大的勇氣。

但是，不只是女生，好幾個男生也一致認爲自己認識的好女人比好男人多，要幫男生介紹很容易，但是要幫女生介紹卻很難。我在想，這是怎麼一回事呢？在這個幾乎男女比例一比一的社會，難道是好男人比較容易早婚？好女人比較容易單身？

還是這根本與好壞無關，只是好男人比較稀有，好女人比較常見？或是大家對男女的標準不同？還是，好男人比好女人容易找到交往對象？好女人的眼光太高？

這是個有趣的問題，假如妳認識的男女朋友比例差不多一樣，妳可以拍胸脯保證列出來的好男人比較多，還是好女人比較多？

但是妳問他們「什麼是好男人？」、「什麼是好女人？」每個人又有不同的說法，其實好不好根本就沒有一個標準答案。我覺得會不會愛上一個人跟那個人好不好根本沒有直接的關係。「好」是加分，但是不愛的話，那個人再好也不關妳的事。

在我沒有男朋友的時候，總是遇到很多「好男人」，他們會對我好到我覺得是不是要付錢給他，我曾經遇過不少每個人都覺得「沒什麼不好」的男生，他們會幫我剝蝦殼，但是讓我食不下嚥；他們會陪我吃美食、請我吃大餐，但是我從不記得那些食物的美味；他們會來接送我，但我坐在車上只想倒數計時趕快到目的地；他們會約我看電影，但是我總是很怕他的手伸過來坐立難安；他們認眞工作家境又好，嫁給他一定不愁吃穿又不用付貸款，但是在他靠近我的時候，我下意識的把包包放到胸前往後退三步。

我也曾試過去喜歡一個大家都覺得「沒有什麼不好」的男人，然後去當個「大家都覺得妳命眞的很好」的那一種女人；但是，我從來不會只是因爲一個男生對我多好，而愛上他。

所以，我寧可當個沒有人追、不發好人卡、承受不起別人對我好的歹命女。

因爲我知道，如果我喜歡一個人，我不忍他弄髒他的手，我一定搶先剝蝦給他吃；我不需要他帶我吃多貴的餐廳，一起依偎在路邊攤那就是天下最棒的美味；如果沒有必要，我不忍他辛苦還要麻煩接送我，他要忙的話我一定會在下一個路口下車自己搭計程車；我不會因爲他有錢就開始做起貴婦夢，我只希望我多努力工作和他一起奮鬥，我寧可累一點也不願意讓他因我而疲憊。

我或許不會過著大家表面上追求的那些開心快樂、幸福好命的女人，但是我打從心裡覺得自己開心快樂幸福好命。

我不愛那些「沒有什麼不好」的好男人，並不代表我喜歡壞男人，而是，我學著知道我要的、我適合的是什麼樣的男人。

我不會說我要多「好」的男生，因爲當妳要求對方有多好，妳自己也要跟他一樣好。如果我說自己要多「好」的男生，我也應該讓自己更好，值得起、配得上那些好男人。而不是雙重標準的希望自己攀附上更好的男人。

一個人好不好、適不適合自己、他的好是不是妳要的，只有妳自己才知道。如果妳只愛著那些條件式、大家公認的好，而覺得非愛不可，那我希望妳可以一輩子說服自己，這樣的「好」就是妳一輩子追求的愛情，「沒有什麼不好的人」就是妳心中的完美情人。

我不需要完美，我也不需要「好」男人。

好男人、好女人再多，都比不上你心底最在乎的那一個人。你不愛的人，即使再好又如何？

好不好，不用別人告訴你，能夠讓你打從心底覺得自己幸福快樂知足又好命的人，就是你的好男人，與好女人。

愛情裡的公平正義

你希望對方多少念著那些情分、你的辛苦付出，應該抱著感恩的心來愛你。
是的，他很感謝你，但不代表他必須愛你。
很有可能是他根本不感謝你，而且他也沒那麼愛你。

我每天看到許多網友留言或寫信問我感情問題，最常看到的話就是：
「爲什麼他要這樣對我？」
「爲什麼我跟他在一起了那麼多年，他可以說走就走？」
「爲什麼我付出了那麼多，爲他犧牲一切、賠了金錢、拿了小孩，他卻可以這樣對我？」
「爲什麼我這麼愛他、對他這麼好，他卻可以忘恩負義的翻臉不認人？」
「爲什麼他要騙我？」
「爲什麼我長得這麼正，第三者條件這麼差，他還要劈腿？」
「爲什麼他要這麼對我，我到底是做錯了什麼？」

「為什麼他可以這麼殘忍、這樣傷害我？」

「為什麼我們在一起這麼久，卻換來這樣的結果？」

「為什麼……」

我們小時候看的童話故事、教科書裡的文章、電視裡的連續劇都告訴我們「善有善報、惡有惡報」「只要努力耕耘，必有收穫」「只要有付出，就會有回報」「老天爺有眼，正義必然得到伸張」「從此，公主與王子過著幸福快樂的日子」……於是總是邪不勝正，不管好人受到多少災難必會有善終，惡人必有報應，老天爺在最後一刻總是會降臨神蹟。就算是現代的灑狗血偶像劇也會教你，默默付出的主角一定會獲得眞愛，不管經過多少變態的崎嶇感情路，他的愛情必定有善終，痴男抱得美人歸，痲雀一定變鳳凰。

但是，現實世界的感情故事，根本不是這個樣子！

於是很多人不能理解，為什麼他努力當這麼好的人，對對方這麼的好，換來的不是預期的結果？很多人談戀愛講求的是公平正義，他要求對方對他要像他一樣好，他付出多少就該得到多少回報，他被傷害了、他被欺騙了，他要求所有人幫他一起主持正義。但是，公平歸公平、正義歸正義，對方一句「我不愛你了」，你也只能抱著「公平正義」的匾額回家痛哭。

很多人不甘心付出如流水，他明知道對方在欺騙他、糟蹋他、辜負他，他死賴著不走的原因是：「我對他這麼好，他怎麼可以這樣對我？」他要個交代，他要他應得的回報，所有的人問他：「你為什麼不離開他？」他說：「我不相信我這樣的付出，卻什麼都沒得到。」

他心有不甘，他覺得老天爺如果有眼也該給他個交代。

他總問老天爺爲什麼看不到。但不是老天沒眼，而是你瞎了狗眼。

他們追問「爲什麼」卻不希望聽到眞實答案。你告訴他殘酷的現實和答案後，他還是不斷的問爲什麼，可惜，現實就是無常，愛情就是沒有公平交易法，不然就去結婚至少抓姦還是合法。

但誰規定你多愛他，他就要多愛你，你沒犯錯，別人就一定要清白無瑕，公平正義就會讓他回心轉意？

你說，這些你都知道。就像每個人難過的時候也想問很多爲什麼。爲什麼這種事要發生在我身上，爲什麼我的命這麼不好，爲什麼我要愛得這麼辛苦？

你問每一個人，卻沒有一個人能回答你。

你被傷害了，你痛苦的流淚問他：「爲什麼你要這樣對我？」他看著你哭，卻說不出一句話。你不斷的逼問著，到最後他推開你，你才知道再問下去的答案只是自取其辱。

原來，沒有了愛，什麼都不是。

你可以得到好人好事獎狀、熱心公益獎、日行一善勳章、正義女神像、傑出前男（女）友貢獻獎，甚至偉大愛情終身成就獎，但是，掛著這些光榮，卻換不回失去的愛。你希望對方多少念著那些情分、你的辛苦付出，應該抱著感恩的心來愛你。

是的，他很感謝你，但不代表他必須愛你。很有可能是他根本不感謝你，而且他也沒那

麼愛你。

不要不甘心了，善不一定有善報、付出不一定有收穫、老天不一定有眼、正義不一定遲來，愛情本來就沒有天理。

不要問我爲什麼，我不是你男（女）友，也不是上帝還是老天爺。

傻孩子，別以爲愛情是慈善事業。

如果奢望愛情裡的公平正義，還不如多尊重、多愛自己一點。

同情不是愛情

親愛的，妳很好，妳不需要改變妳自己。妳需要找到一個懂得尊重妳的人，而不是把妳當弱者的人。妳需要一個陪伴妳的人，而不是隨時都要援助妳的人。

有位網友跟我哭訴：「我男友的前女友鬧自殺，所以他回去跟她復合了，我該怎麼辦？」

「那就算啦，難道妳要跟她比誰比較會死嗎？」

「可是我很不甘心啊，爲什麼只要女生會吵會鬧就會贏？那我們不吵不鬧的女生不就吃虧了嗎？」

「如果會吵會鬧就有人愛，不珍惜生命就可以得到愛，這樣得來的東西有什麼好希罕?!」

「可是我男友說：『難道我要見死不救嗎？』」

要死就去死啊，眞的下定決心要死的人哪會在那邊大聲嚷嚷，怕別人不知道他有多可憐？妳男友是義消還是救難大隊，這麼有愛心何不去慈濟當義工、去醫院幫殘障者推輪椅、去路邊發保險套宣導愛滋病、去各大旅館門口拯救援交少女……難道要比誰比較會死、誰比

較可憐、誰沒有對方活不下去……誰就可以贏得愛情？

這種人，我才想叫他去死！

我另一個朋友更遇到一件很瞎的事，她是一個聰明獨立認眞的漂亮女生，30出頭就當上外商銀行管理階層，加上自己也會儲蓄理財投資，算是一個年輕的小富婆，幾個月前聽說她交男友，沒想到最近聽她說男友回去跟前女友在一起。她看到我上一本書一篇文章「我不是公主」的第一句話就快要崩潰。

那句話是：「我覺得，妳根本不需要我。」

她的男友說，她什麼都好，工作好、家世好、學歷好、又漂亮又聰明，又有經濟能力、人緣又好，他覺得她不需要他也可以過得很好。但是他的前女友因爲他與她分手後，又失業、又生病，經濟狀況不佳、又交不到新男友、遇不到好男人，過得很不好，即使已經分手半年，她男友還是覺得「這都是他的責任」。

他說：「對不起，她眞的很需要我。」

我的朋友說：「或許她眞的很可憐，但難道她沒有其他朋友嗎？爲什麼要一直纏著我男友？」

「有些人就很奇怪，總是要別人替他的不幸負責。他們覺得分手後過得不好的話，都是對方的錯，但是他們從來沒想過要對自己的人生負責，他們總是想讓對方知道：『你看，都是因爲你，害我現在過得那麼慘』，或許分手是對方的錯，但是分手後是你自甘墮落。你可以怪

別人害你摔跤，但是妳躺在地上死賴著不起來，只是為了絆倒別人的人生，這跟假裝殘障的乞丐有什麼差別?!」我忿忿不平的說。

「我男友說，他前女友在生活上很依賴他，自從他們分手後，她又窮又過得不好又交不到新男友，他覺得很內疚。我倒是很想說，你前女友自己不上進不去找工作，她過得不好是因為她怨天尤人、自甘墮落、不願振作，她遇不到好男人是因為條件好的男人也不會看上她，都已經30歲的人了，憑什麼她自己不求長進就要別人對她失敗的人生負責？」

「反正，有些男人就是覺得被需要而感到自己偉大。」我聳聳肩：「更何況，那也是妳男友自己願意，又沒有人拿刀逼他，當好人只不過是個藉口。有時候滿口仁義道德的人，做的淨是缺德事！」

「我不懂，那難道我獨立自主、養得起自己、體貼他、照顧他、幫助他，甚至怕他太累有時還接送他，難道是因為我倒楣，我沒有辦法當生活白痴、EQ低能、少了他就不能活、生活就陷入困境、世界就毀滅的無知女人，所以我男友寧可去當救世主，只是因為這世界上只有他可以拯救她？」我的朋友居然開始懷疑自己到底是哪裡出了問題。

「親愛的，那不是妳的問題，那是妳的男友喜歡當英雄，而且他們都以為喊救命越大聲的就越是弱者，哭得越大聲的就越可憐，如果沒有人喊救命，他們就沒有身為英雄的價值。」當慣拯救世界的英雄，有時候反而搞不清楚誰才是真正的弱者。

「可是，我也很需要他啊！我不懂，為什麼他會認為『沒他不能活』的女人，才是真的需

要他。我努力讓自己活得很好，我愛他並不是我需要他給我任何生活上的幫助和援助，我很愛他，所以我更不希望他爲了我辛苦，我不是沒他不能活，我只是希望我們在一起能活得更好啊！」

聽她講著講著，我突然想到以前有個男生對我說：「我好像沒什麼可以幫忙妳的。」

「不用啊，你不用幫我啊！」

「我是說，妳好像沒有什麼事情是需要我幫忙的。」

「的確是沒有。」我活得好好的，沒什麼要你幫的忙。

「唉，妳一定不喜歡我，因爲妳不需要我。」

我不懂，「我喜歡你」跟「我需要你」是兩回事啊，我不會因爲需要一個人而比較喜歡他，也不會因爲喜歡一個人而變得處處依賴他。我不懂，是他的腦袋有問題，還是我的想法有問題。

就像我朋友說的：「我覺得我男友根本就是濫用他的同情心，如果今天一個擺爛的弱者、不求上進、不懂得珍惜生命的人就可以予取予求的得到一切，那麼，難道我做一個獨立自主、認眞生活、珍惜生命、在愛情裡努力付出的女生哪裡錯了？我每天認眞工作到底爲的是什麼？最後他說，我太好、太優秀、太聰明、太獨立，他說我很堅強，沒有他也可以過得很好，所以別人比較需要他，我眞的啞口無言。」

親愛的，妳很好，妳不需要改變妳自己。妳需要找到一個懂得尊重妳的人，而不是把妳

當弱者的人。妳需要一個陪伴妳的人，而不是隨時都要援助妳的人。

他們不懂，眞正愛他的女人，不是要他爲了她出生入死當一個英雄，而是給他一個最安全無慮的港口。

眞正尊重他的女人，不是隨時都需要他，而是爲了他的需要，永遠不讓他擔憂、不等他開口的伸出她的雙手。

她們需要你，但是她們更懂得尊重你，那是她們願意尊重自己。

而那些錯把同情當愛情的男人，只是不懂得尊重妳罷了。

他們可以當英雄，只是妳沒有必要鋸了自己的雙腿去等著他拯救。

這世界上多的是無知的英雄，與聲嘶力竭的弱者。

妳唯一能做的，就是離開這一場鬧劇，如此而已。

感謝舊情人

換個角度想，妳要謝謝那些辜負妳、傷害妳的人。
就像我一直覺得，每個舊情人的任務，就是為了要讓妳未來成為更棒的女人！

常常演講時會遇到同學問我：「分手之後還可以做朋友嗎？」

對我來說，每個分手後的男友，到現在都還跟我算是偶有聯絡的朋友。有一次在路上巧遇了我的初戀情人和他的家人，那天我正好到停車場取車，正當要發動引擎的時候，接到初戀男友的電話（老實說看到他的名字出現在我手機螢幕還非常訝異），他說他正好也在停車場拿車所以看到我，於是我把車開過去跟他「會車」，打開車窗聊天，他的爸媽也在車上一起寒暄。

「好久不見喔！上次見到妳都不知道是幾年前了！」

「對啊！很高興見到你！」後來跟他們道別後，回到家也難得跟初戀男友聊一下彼此的近況。記得上一次看到他大約兩年前，那時候我還在上一本書寫了一篇文章「再見，初戀男

友」，他開心的跟我說他要結婚了，可是現在他又回到單身。我安慰了他一下，也衷心希望他能找到未來的幸福。

分手後，還能夠衷心的祝福對方幸福，能夠擁有這樣的祝福，是一種福氣。

有人說，每個交往過的男友就像是一面鏡子，他讓妳在戀愛的過程更了解自己是怎麼樣的人。他能讓妳看到眞正的自己，與妳從來不了解的另一面。我們透過男友，透過那一面鏡子了解自己，在交往的過程，在分手的過程，學會面對自己，也學會成長。

那麼我覺得，每個前男友都是我們的老師。不管他帶給妳的成長是快樂還是痛苦，即使妳們沒有緣分在一起，他教會妳的、他帶給妳的都是讓妳未來能夠更懂得愛，也遇到更值得、更適合妳去愛的對象。

我很喜歡我有個朋友的說法，她說，每個前男友對妳來說都是有「任務」在身的，他的任務或許是愛妳、是傷害妳，是讓妳變成更堅強成熟的女人，或讓妳開闊了眼界看到不同的世界，也有可能讓妳從女孩變成女人，改造妳成爲更棒的女人，讓妳懂得什麼是付出與回報、愛與被愛，可是當他的任務結束之後，他就會離開妳的生命。

在初戀男友之後，我從求學畢業出社會到開始成爲作家的幾年，有兩個男朋友對我的人生有很大的意義。一個傷害我最深，一個影響我最多，一個讓我開始在網路上寫作這一條路，另一個讓我義無反顧的走向自己的夢想，成爲作家。如果說每個男友都有不同的任務，那麼初戀男友讓我了解被愛，傷害我最深的人讓我知道什麼是愛人，影響我最大的人讓我學

會怎麼去愛自己。

我感謝我的每個前男友，因爲他們我懂得被愛、愛人，以及最重要的「愛自己」。

不管是愛還是傷害，他們的任務很神聖，他們讓我成爲現在這樣的人，我更感激的是，在每一段戀情後，我總是成長很多，變得比過去好，如果沒有他們，我無法成爲現在的自己。

老實說，我是一個記性很差的人，只要分手後的男友，我都會自動忘了他的生日、電話號碼等東西，所以我的樂觀個性大概來自我很會忘記不開心的事。吵架或生氣不超過一天，在一起三年但失戀一天可以復原。不會記仇，也會自動忘了誰是情敵誰討厭我，而且我很難討厭別人，我總覺得討厭我的人大概是誤會我，或是他們剛好心情不好，或生活不順遂只好找人發洩。我不會討厭那些討厭我的人，討厭別人的人很不快樂，他們一定有難言之隱。

也因爲我實在是個愛好世界和平的人，所以我跟前男友分手後幾乎都還是朋友，甚至連他的家人哥兒們朋友同事到現在都還是我的朋友，甚至他身邊當初跟我不熟的朋友後來都跟我很熟，更扯的是他們的前女友、當初來搞曖昧的機車女、跟我分手後交的女朋友，甚至老婆都跟我變成朋友。不管是跟她們聊天一起講前男友的壞話，幫她們找工作，出去幫前男友與新女友拍合照，還是參加他們的婚禮都沒問題。甚至，我還有前男友叫我教他怎麼追女生。哈！

我不是一個分手後還會糾纏對方，或是明知道他有女友還要硬說「我們即使沒有在一

起，但還是像親人一樣」要找前男友出來敘舊的機車前女友，己所不欲勿施於人，我知道這種感受不舒服，所以我也不會這樣待人。

每當我看到許多情侶分手後互相傷害對方，擾亂對方的生活，或攻擊對方的新男（女）友，流言中傷對方，我都覺得好幼稚，與其花時間破壞別人的幸福，不如把時間花在找自己的幸福，或讓自己過得更快樂幸福。

很多人問：「分手後還可以當朋友嗎？」當然可以，但是請在你們兩個人都對彼此沒有任何一點「感覺」後再談做眞正的朋友。所以剛分手不適合做朋友（難免會變成砲友），直到過一段時間後，兩個人都找到新對象，對彼此沒有感情後，再來當朋友。但請不要以做朋友當成利用對方的剩餘價値的藉口。

但是，不能當朋友的，不必勉強。有些人或許妳一輩子都不想再見到他。

很多時候，感情沒有對錯，他辜負妳也不一定是妳吃虧，我常用「塞翁失馬，焉知非福」的角度來思考，很多時候我們都誤把驢當馬，或許，不對的人離開妳，反而幫妳遇到更對的人呢！有時候快樂與痛苦，眞的只是一念之間。個性造就命運，想法也能決定妳的人生！

換個角度想，妳要謝謝那些辜負妳、傷害妳的人。

就像我一直覺得，每個舊情人的任務，就是爲了要讓妳未來成爲更棒的女人！學會祝福舊情人，妳就能學會去擁有更多幸福。

Mr. Right

「妳看得出來什麼樣的情侶會結婚，什麼樣的情侶不會嗎？」
「妳從那個男生看女友的眼神看到了什麼？」
「堅定的眼神！」

她們總是在找Mr.Right……

她們都說：「我希望可以在對的時候遇到對的人！」可是她們老是在錯的時候錯過對的人，在對的時候愛上不該愛的人，又誤以爲那個錯的人就是妳尋找已久的Mr. Right，又或者是……永遠不知道自己什麼時候才ready，才準備好去愛一個人。

她們說：「我好想知道我的Mr. Right在哪裡？」她們說：「誰可以告訴我……到底誰才是我的Mr. Right？」

那天下午跟一個朋友聊天，她說她最近和一個男生非常要好，那個男生很喜歡她，我問：「既然你們互相喜歡，爲什麼不在一起？」

她說：「他年紀比我大好幾歲，他說他要找的是結婚對象，是一生的伴侶。」

我問：「那妳呢？妳怎麼想？」

她說：「他怕我還不想定下來，怕我還年輕還有很多機會和選擇。可是，我也是想找個可以走一生的伴侶，我也很想結婚啊……」

我聽了忍不住笑了：「既然你們兩個都是想找一生的伴侶定下來，又互相喜歡對方，不敢在一起的原因只是因爲你們都害怕。」

說完，我忍不住也虧了自己：「其實不只是你們，我也會害怕，我常在想，到底我要跟什麼樣的男人共度一生，我要的是什麼？即使我現在很清楚我要的是什麼，但是我找得到那樣的人嗎？我怎麼知道我遇到的男人是不是Mr. Right？」

她說：「是不是我們這個年紀的人都會恐懼？我們不年輕，談戀愛不只是想玩玩或是喜歡就可以在一起，我們考慮的事情很多，我們失敗了幾次，慢慢知道自己要的是什麼、不要的是什麼，我們想找一生的伴侶，好不容易遇到一個喜歡的人，又害怕他到底適不適合我、我們可以在一起多久、他眞的想定下來嗎、如果分手了該怎麼辦……」我坐在副駕駛座上，朋友邊開車，我盯著擋風玻璃的雨刷來來回回的發呆。

我接著說：「我那天也跟別的朋友聊到，我們這年紀的女生，變得比較不容易去愛上一個人、去談戀愛，即使我們很喜歡很喜歡一個男生，但是我們考慮的事情變多了。因爲我們不想再去談一段又一段的感情，每次又傷痕累累的讓自己痊癒再重新出發，我們沒有力氣玩

感情遊戲，沒有力氣勾心鬥角，沒有力氣周旋於追求者之間，甚至沒有力氣劈腿、更沒有力氣失戀，我們只想找到Mr. Right，有個安穩和安定的生活……」

「對啊，妳記得我的名言嗎？人生還有什麼事情比睡得安穩還重要！」是啊，我當然記得。

「應該說，人生還有什麼事情比幸福、安全感和睡得安穩還重要！」說完，我們一起哈哈大笑。

幸福、安全感，與睡得安穩，原來這麼簡單的事也是多麼奢侈的啊！

從去年以來吃過不少朋友的喜酒，在喜宴上有個朋友看了看全場雙雙對對的情侶檔，問我：「妳看得出來什麼樣的情侶會結婚，什麼樣的情侶不會嗎？」

「問得好！」我抬了抬下巴說：「妳看前面那一對明年要結婚的情侶，妳從那個男生看女友的眼神看到了什麼？」

「什麼？」她疑惑的皺了皺眉頭。

「堅定的眼神啊！」

她聽完馬上拿起紅酒杯敬我：「哈！好一個堅定的眼神！」

我常在觀察，我發現從很多朋友的男友或老公眼中看到，當他們跟女友出來的時候，妳可以看到他看著對方的眼神是充滿了堅定與認定。他們即使忙碌時也迫不及待的把握每一秒都把眼神關注在女友身上，他們不會多關注其他女生一眼；他吃飯的時候會先注意對方有沒

有吃到東西；只要手一有空一定放在對方的身上或握著她的手，深怕此刻不握著她就會溜掉似的。他們互看對方的眼神是如此的充滿默契、淡淡的一個微笑就能了解對方，當朋友問起他們近況，他會堅定的看著自己的女友告訴大家他們的生活、他們的計畫和未來，他們侃侃而談，我總是微笑著傾聽。最後他們離開的時候，會微笑著手牽手跟我們招手道別。每次我看著那一對對眞誠相待的伴侶，我都覺得好窩心、好感動。

其實，只要一個眼神，就可以知道妳在他心中的分量。其實，我們要的，就是一個堅定的眼神。我們女人要的，也不過就是想要知道，我們在你心裡的地位，如此而已。

請讓我知道，我在你心中是擁有如此「堅定」的位置，如此堅定，不容置疑。

但是，我們常常不清楚的是，即使說了「我愛你」之後，我們在對方的心裡到底是什麼位置……從以前到現在，我以爲只要說得出「我愛你」「永遠」「你要不要跟我結婚」的人，那些話、那些請求、那些承諾，都是經得起考驗的，否則，我絕對不會說出「我愛你」「我永遠愛你」，或甚至是「我想嫁給你」。但是有一天，妳會發現，妳再也不相信那些說愛妳的人不會傷害妳，那些說永遠的人不會在下一秒離開妳，那些說過想跟妳共度一生的人不會就這樣離開了妳的人生……

那麼，我一直很害怕，如果有一天，我們都不再相信了，到底還剩下什麼？

我有個交過許多女友的朋友跟我訴苦，他現在也好想定下來，他說：「我終於想找個港口。」還有個好友跟我聊天，我問他喜歡什麼樣的女生，他也說：「我喜歡的女生，都是那

些玩過了也累了，想找個避風港好好在一起的女生，我想，我是最好的避風港。」

「避風港……」我想著這個詞，釋然的笑了。

當我試著作別人的港口，當別人試著伸手接納我，當我們都以爲一旦船靠岸，我們就能一直廝守、永遠停泊，但我們卻阻止不了人生中那些不會屬於妳的船收起錨、揚起帆，離妳而去。

甚至我們最後才知道，離開才是對我們最好的結局。妳可以找到更適合妳的船，他可以找到更適合他的港口。我們看過太多分離，習慣太多別離，最後，我們開始懷疑……

我們每一次都把自己當做他的最後一個港口，我們用盡生命的力量去愛一個人，然後我們用盡了所有的力氣去學習分離。但是下一次，我們還是敞開了手臂去當另一個眞命天子的港口。

親愛的，我希望你跟別人不一樣，我們願意相信愛情，不是因爲我們相信童話故事，而是我們願意相信在任何最混亂的眞實世界，你……一定跟別人不一樣。我們一定不會過著王子與公主永遠幸福快樂的日子，但是我們仍然期盼相信童話的可能，因爲一旦我們不再信任了，我們怎麼能在戴上戒指的那一刻告訴自己什麼叫做生老病死、福禍與共、不離不棄、至死不渝？

我們不敢承認，我們最希罕的原來是我們最不願意相信的「永遠」。

我也好想要有一個人願意當我的避風港，我也好想要當一個人的港口，然後，我會用最

大的力量去愛著他、保護他，作他生命中最後一個陪伴他的人。

我希望，他有足夠堅定的眼神。我希望，他的擁抱永遠是我的避風港。

每個人，都在努力的追求眞愛，請相信，妳一定會找到妳的Mr. Right！

妳要失敗的感情，還是失敗的人生？

很多人總是害怕失戀而辛苦維持一段感情。
對她們來說失戀等於失敗，她們因為害怕失敗，所以不想離開不對的人。

因爲寫作兩性話題的關係，接到許多朋友和讀者的問題，大部分的問題都是愛上了不對的人，但是卻不知道怎麼離開那個劈腿成性、傷透她心、欺負她、瞧不起她的男人？

跟朋友聊天的時候，我們總問：「這個世界是怎麼了，爲什麼那麼多很好的女生總是離不開爛男人？」

我有個男性朋友說：「很多女生不願意離開爛男人的原因，是因爲她們怕以後找不到更好的男人，所以她寧可不要改變現狀。」

我發現，很多女生談了戀愛後，變得沒有自信，她們不相信自己可以遇到更好的男人，所以她們願意忍受那些對她不怎麼好的男人；她們害怕失戀，所以寧可守著殘破不堪的戀情，只是因爲害怕失去。但是我不懂的是，爲什麼很多人要把失戀和失敗畫上等號？

我不覺得失戀是不好的事，很多時候，我都覺得失戀、分手都是很好的事情，代表妳離開了不適合自己的人，妳才能夠去認識更適合妳、更棒的人。不管是以什麼難堪的方式分手，即使妳被劈腿了，妳都要慶幸妳可以早日發現，而不是披上婚紗了、孩子生了才被劈腿。換個角度想，妳失戀了，代表妳又可以當一個黃金單身女郎，世界上多的是大把的帥哥等著妳認識，塞翁失馬焉知非福，說不定妳以後找到一匹好馬，才知道妳以前都誤把驢當馬了！

每當聽到朋友分手，我的第一句話就是：「恭喜！」我們會一起吃飯喝酒慶祝，一起辦個party恭喜她重獲單身生活，我總是跟她們說：「從今以後，有美食就吃、有美酒就喝、有美男子就多認識！」

用積極樂觀的角度去看待失戀，其實妳不是感情失敗，妳只是成功的離開了不適合妳、傷害妳的人。

什麼是失敗？失戀是失敗？離婚是失敗？被甩是失敗？被劈腿是失敗？我不認爲。有時候成功和失敗只是一念之間，失敗的感情只是爲了讓妳能夠在未來成功鋪路。我反而覺得，要感謝每一個妳曾遇過的爛男人，如果沒有他們教導妳什麼叫做「爛」，妳怎麼會知道什麼叫做「好」，以後遇到對的人才會懂得珍惜與把握。

不要因爲害怕失戀而堅持一段不健康的感情，否則妳賠上的是妳的人生。承認一段感情失敗不用覺得丟臉，勇於面對感情的挫折，不要否定自己，承認自己犯了錯、做了錯誤的決

定，檢討後重新出發，迎接新的人生，誰沒有失敗過呢？重點是，妳要怎麼面對它。

離開不對的人，需要的勇氣比勇敢愛人還大，愛情不再只是犧牲奉獻努力付出（如果那個對象不值得妳付出），而是勇敢的割捨那些不好、不適合妳的人，沒有離開爛人，妳怎麼會有機會遇到好男人？

最怕的就是，一直跟爛人在一起，也把自己拖累，甚至讓自己不斷的退步，陪他一起爛下去。

不要害怕失戀，也不要覺得失戀就代表失敗。不要怕被笑，坦然接受失戀、勇敢離開不對的人，承認自己又跌倒了一次並不可恥，最怕的是跌倒了就再也站不起來，接受失戀、面對失敗，才能選擇自己的成功人生。

下一次遇到朋友陷入「愛不對人」的徬徨時，妳可以問她：「妳要選擇失敗的感情，還是失敗的人生？」

不要怪爛男人耽誤妳的人生，很多時候，是妳自己拖垮了自己的人生。

Part 5

10種妳不應該愛的男人

在感情裡跌過跤、受過傷，妳會知道有些錯誤不能再犯，
有些男人不能愛，絕不可以因為寂寞就隨便找個人陪伴，
十種妳不該愛的男人，請隨時警惕自己，
一個愛妳的男人應該懂得尊重妳，而不會讓妳否定自己！

黃金單身玩咖男

他總是說他想以結婚為前提交女朋友，最後妳才發現，他對每個人都這麼說，想要結婚只是他想讓對方誤以為他認真的藉口。

女王我最近發現有一個特殊的族群非常流行，就是年過30的黃金單身漢兼玩咖男……這些男生大致有幾個特點：年紀超過30歲（大多數爲65年次以前），家境優渥（或許是小開）或事業有成（出手大方），朋友多、社交生活活躍，長得不錯各方條件好，但是弔詭的就是他單身許久沒有交女友。

他總是說很想交女朋友定下來，但總是遇不到適合的對象。他遇到朋友總是希望大家幫他介紹女朋友，說他想以結婚爲前提交女朋友。

妳很訝異，大家幫他介紹了一堆女生，約會了無數次，甚至他趕場跑攤總是帶不同的約會對象出席，每個看起來曖昧得好像已經跟他在一起，可是後來他都說交不到女朋友。朋友看到他都說：「你一定太挑了！」他的異性緣好到妳不相信他找不到對象，Facebook裡他

的好友名單五百人裡有四百個都是正妹，每個女生留言都很曖昧。他的手機每次聚餐時響不停，每一通都是女生打給他，而且他一定要出門講電話。

他總是愛在MSN上暱稱流露單身男的孤單心情，但妳週末晚上打給他，他總是在背景音樂很吵的地方接妳電話，或隔天才回電。妳在Facebook放跟他聚餐的合照，他會在他的版面把標籤拿掉。妳覺得他跟妳約會交往上床，因爲他把妳當成他口中以結婚爲前提交往的對象；但是後來他說，他可能不是一個適合結婚的對象。

他會跟小他十歲的青春肉體交往，但是分手的理由是，妳太年輕我不想耽誤妳的青春。他也會跟與他差不多年紀的熟女交往，但是分手的理由也是，妳已經不年輕所以我不想耽誤妳的青春。

不管他有沒有約會對象、可以一起蓋棉被的對象、曖昧超過一年的對象，他都會官方聲明：「我沒有女朋友。」「請幫我介紹女朋友！」「我想結婚，但是我交不到女朋友。」最後妳才發現，他是黃金單身大玩咖，想要結婚只是他想讓對方誤以爲他認眞的藉口，他什麼都準備好了只有他的心還沒準備好，他爲了想結婚，所以一定要多認識女生。他爲了想交女朋友，所以妳要一直幫他介紹妳朋友。

妳懷疑他是玩咖，他會說他去酒店是被迫應酬，去夜店單純只喝酒，去social只是交朋友，單獨吃飯的、那些約會的，眞的只是朋友。昨晚在樓下等他的、半夜打給他哭的……眞的只是自以爲是他的女朋友。

我認識一些所謂的黃金單身玩咖男，不過旁觀者清，我總是在他們身邊看著來來去去、每次都忘了叫什麼英文名字的女朋友。

其實也不能怪他們愛玩，我常想，如果我也有這樣的條件，誘惑這麼多，備胎女友、約會對象挑不完，我怎麼可能想定下來？但是多年來觀察這些玩咖男，發現他們之後的「發展」常出乎我的意料。

其中之一是，他傷了太多女生的心，得罪了一些女生後，常有女生原本互不相識，但是聊起來才發現彼此都有跟他約會過，此後女生一起同仇敵愾，變成好朋友。

親愛的，台北市那麼小，你怎麼知道有一天你好不容易遇到一個女生想要「認眞」的交往，後來女生透過其他女生發現原來你是個玩咖，不想跟你交往？

就像我有個朋友說，有個優質男現在一直交不到女友，因爲台北市他所能認識或遇到的女生，只有四類：他的ex、他ex的朋友、他朋友的ex，以及他朋友ex的朋友。所以他說，他現在一點搞頭也沒有。

另一個奇怪的現象是，黃金玩咖男發現，跟他同年齡的女生都早已看透他們的把戲，沒有那麼容易被唬爛，所以他們便「向下發展」，他們專找20出頭、還沒出社會或剛出社會的新鮮人約會，他們說這樣的女生好搞定，只要不小心講到自己家境好（也不知是眞還是假）、隨身帶一兩樣名牌、講自己工作多厲害，帶她去吃她這個年紀的朋友不會去的好餐廳，很容易就收買一些不知是無知還是虛榮的小妹妹的心。每次他們帶著那些小自己一輪的小妹妹出來

吃飯，看著他跟她講話「自以爲了不起」的模樣，我都很想笑。

還有一種玩咖男，最後會遇到比自己還厲害的玩咖女，莫名其妙被吃定。有黃金單身玩咖男，自然有黃金單身玩咖女。

他們總是以爲多了解女人、多聰明厲害，但是殊不知，眞正的玩咖女往往都是那種「看起來氣質清秀好像小紅帽，潔身自愛很久沒交男朋友」（那是因爲她跟你一樣從來不承認交過男朋友），女人比男人厲害的地方在於，就算你跟她結了婚、生了小孩、進了棺材，很多事情都是「you never know」，譬如她跟你們的伴郎有一腿之類。

玩過就好，見好就收。不要玩到最後惡名遠播、只能騙小妹妹，或是以爲在玩人，其實是被玩。

我只能說，台北市很小，Facebook沒有秘密。

各位朋友請多小心，各位玩咖請多保重。

我愛上了萬人迷

萬人迷終究還是萬人迷，他們怎麼捨得那個光環？妳說，有誰會不愛萬人迷？可惜他的光環只照得到他自己，妳只能當他身後的陰影。

「我愛上了萬人迷。」妳無奈的揚起嘴角苦笑。

我知道妳談戀愛了，妳愛上每個女生都想靠近的萬人迷，甚至我不確定妳是真的談戀愛，還是只是單戀愛上萬人迷。這一個月來，妳鉅細靡遺的跟我報告你們相識的經過、約會的過程、MSN的對話、聊天的內容，甚至連他的身邊有幾個女生喜歡他、交過幾個女朋友，我都強迫收聽，即使我並不認識他。

我看過他的照片，我知道妳就是喜歡長得好看又會打扮的男人，而這種類型通常都是大家會喜歡的那種男人，打個比方他如果走進去朋友的錢櫃KTV包廂，現場一定十個女生有八個會盯著他不放；如果他走進夜店包廂，十個女生必有五個巴著他不放；這樣講似乎有點誇張，至少我相信他絕對是那種走到哪裡、女人眼神就會飄到哪裡的男人。

這種男人，我會直接在他的臉上打叉、寫上大大的：「危險動物，生人勿近！」可惜的是，很多女生就會喜歡上這樣的危險動物。

我的朋友，她每一次都喜歡上這樣的男生，交這樣的男朋友，所以每一次都吃一樣的苦、受一樣的傷，愛得同樣的短暫，然後用同樣的方式分手，因爲萬人迷總是不止她一個女朋友。他們除了女朋友之外還有很多乾妹、曖昧對象（含過夜）。他永遠有收不完的簡訊、回不完的電話、推不掉的飯局、擋不掉的酒攤、搞不定的曖昧、推不開的妹。當妳吃醋生氣臉紅脖子粗，他們總是推給妳說：「妳愛我爲什麼不相信我？」

「沒關係，我才是他的女朋友！」妳總是這樣安慰自己：「不管怎樣，我還是他的女朋友。」可是，那些愛上萬人迷的女生從來不管他有沒有女朋友，每次他跟別的女生搞曖昧被妳抓到，妳生氣的說：「難道她不知道你有女朋友？」萬人迷說：「我沒有騙她，可是她說她可以當我的小女友。」即使妳跟他一起出去，總是有人當妳的面吃他的豆腐，跟他聊天刻意笑得讓妳聽到。

妳每天被嫉妒搞得情緒低潮，妳不斷打電話確認他身邊是不是沒有別的女人，妳不斷假想他會不會在每個妳不注意的時刻欺騙妳；妳聽到他談論哪個女生，妳會注意他們是不是友誼不單純；每當他電話響起，妳馬上神經緊繃是不是哪個女生又要約他出去，妳假裝不在意卻又豎起耳朵聽；如果他有網路相簿還是線上交友，妳每天不斷更新了解每一個可能會是敵人的女生，以及她們的網誌內容；妳默背他每個前女友的祖宗十八代，每天不斷的Google。

即使妳用盡了心力，杜絕任何他出軌的可能，最後他還是會給妳一個意想不到的驚喜。他不是跟一個妳絕對想不到的人、不然就是妳從來不認識的人在一起。

去年妳才跌了一跤，妳發現跟一個男人交往了半年，妳居然只是第四者。妳發誓說妳再也不會喜歡萬人迷的男生，但是妳還是愛上了另一個萬人迷。妳跟我說，卻像在安慰自己：「請放心，他只是長得像萬人迷，他一點也不花心！」

妳不斷的跟我說他有多好，還有他的星座是居家好男生的代表。妳說他真的只交過兩個女朋友，他的朋友都說誰跟他在一起誰賺到；他說他一點也不愛玩、他說想認真定下來；他不斷計畫你們的將來，即使你們才在一起一個月又三天……他問妳願不願意當他最後一個女朋友。

可是，他跟別人說他沒有女朋友。親愛的，我該怎麼對妳說？

過了幾天，妳告訴我，妳好沮喪，萬人迷終究還是萬人迷，他們怎麼捨得那個光環？妳說，有誰會不愛萬人迷？可惜他的光環只照得到他自己，妳只能當他身後的陰影。妳可以永遠跟隨他、離不開他，但是妳終究只是他背後的陰影。

「難道萬人迷都不想擁有真愛？」妳問我。

他們當然想，他們當然也不想當萬人迷，他們更不想妳愛上他只是因為妳愛「萬人迷」。於是到最後，他們一點也不想當萬人迷……

「爲什麼？如果可以，我也好想當萬人迷！」

當萬人迷眞的很快樂嗎？我不知道，但是如果他永遠只愛著他的光環，和他在一起的人，一定很辛苦。妳只能默默在他背後當個影子，妳不會是他第一個重視的選項，他喜歡被衆人圍繞、被大家愛，而妳，永遠不可能要他放棄一切只爲了跟妳在一起。

「或許他有一天會浪子回頭，會放棄一切跟我在一起啊？」

或許會有那一天吧，但妳要拿什麼跟他賭？妳的時間、妳的犧牲和妳投注的所有努力？

如果妳打從心裡自認妳配不上這個男人，得到他時會令妳感到心虛，妳就必須認清，這不是妳應得的愛情。

妳終究只是一個粉絲，他會垂憐妳，他會靠近妳，但是你們永遠不是平等正常的關係。

萬人迷總會笑著說他多愛他的粉絲，但事實上，萬人迷並不會眞的愛上粉絲。

男人的少女情結

有人說男人和少女不過就是各取所需，但這不就是一個各取所需的現實社會嗎？

我發現，有些年過30的男人都不約而同的找了小他10歲左右的女生交往。

依照我以前的個性，我會先罵他一聲禽獸，但是現在見多了後，我反而一點也不再訝異，我只是很好奇，30歲的男人好歹也在社會上打滾幾年，和還沒出社會的花樣年華少女談戀愛，到底會不會有代溝？就像妳在煩惱加班月薪房貸時，少女的煩惱只不過是今天要不要蹺課、下課後要去哪裡玩、要期末考了怎麼辦……

那不會很奇怪嗎？

隨著身邊越來越多「想要抓住青春尾巴」的熟男轉攻不識愁滋味的青春肉體，我眞的很好奇，他們是怎麼轉變的？於是我去問了幾個與小妹妹交往的男士們……

A男今年30歲，前女友是大學生，他說：「當初我也絕對想不到我會跟一個小我十幾歲的女生在一起，那時候是因爲覺得跟她在一起很輕鬆吧，不用花什麼腦袋跟她講話，也不用

跟她聊一些生活上、工作上比較現實面的東西，那些她都不懂也沒興趣懂，只要跟她一起吃喝玩樂就好。」

「那爲什麼會分手？」

「在一起跟分手都是同一個原因，跟小妹妹在一起只能吃喝玩樂，但是當她跟朋友可以一個晚上連趕三攤去跳舞喝酒玩通宵，我到兩點就累了，後來根本只送她去夜店我就回公司加班。我以爲跟她約會吃飯隨便吃個餐廳她就會滿足，沒想到她覺得我是社會人士，帶她吃好的她可以跟朋友炫耀。再來，跟她聊生活上、工作上的問題和煩惱，她也沒興趣聽，我講了她也聽不懂。她對未來也沒什麼想法和規畫，更誇張的是她還有明星夢，覺得有攝影師找她外拍就離名模的路近一些，我眞的無法跟她溝通。」

「你當初喜歡她不就是因爲她是show girl長得正身材好，在一起玩樂很輕鬆，沒有現實的煩惱，覺得自己好像回到了20歲？」

「可是夢醒了發現我還是30歲的老男人啊！」

B男65年次和交往多年、本來決定要結婚，連喜帖都發了的女友分手，現在跟一個大學生在一起，他說：「請不要誤會，我跟前女友分手絕對不是因爲我跟小妹妹在一起！和小妹妹在一起是我失戀後有天出去玩認識的，我承認跟她在一起很開心，因爲我從沒跟小我這麼多的女生在一起，好吧！要說是新鮮感啦、青春的肉體都可以，而且還能滿足一點男人的成就感。她會崇拜我的社會經驗，跟我同年齡的前女友只會嫌我業務專員當了幾年升不了主管；

但是在小妹妹面前隨便炫耀一下，我就成了偶像，反正，她也不懂工作上的事，怎樣講她都覺得我很罩。只要請她吃吃飯、開車接送她，她就覺得我很照顧她。」

後來他卻語重心長的補了一句：「但是，交往歸交往，我覺得跟她在一起沒有未來。」

「為什麼？」

「我怎麼敢帶一個大四的女生回家跟我媽說那是我女朋友？在我媽心中，我的前女友已經是神化的標準，聰明懂事又賢慧、工作能力強又會照顧我的生活。反觀小妹妹根本還沒出社會，什麼都不懂還要我照顧她、煩惱她的工作和生活；我現在的年紀要娶老婆了，小妹妹在我父母心中絕對不是老婆的人選。我要是帶她回家，一定會死很慘，所以在一起開心就好，我不可能娶她。」

「不過，她也不會想到結婚這件事啊！結婚離她這年紀太遙遠了。」

「是啊！所以這就是我跟她在一起的原因，我跟差點要結婚的女友分手後，我現在也開始恐婚了。」

記得有一天，我跟三、四個30幾歲的男性朋友吃飯，他們很開心的聊到最近不約而同跟小10幾歲的女生的約會心得。

C男62年次，卻專門找小他10歲以上的女生做女朋友，現在女友還小他一輪，他說：「跟我同年紀的未婚女生不是長太醜就是長得正卻太挑、太聰明，這兩種我都不敢碰。只好不斷的往下發展，好啦說難聽一點，年輕女生就是好搞定，跟30歲的女生約會，我吃飯都要訂個

五星級飯店；但跟年輕妹妹吃飯，吃個迴轉壽司或簡餐，她就覺得很開心，哈哈！」

「你想太多了吧，熟女也沒要你請吃五星級飯店啊！」更何況我們自己也付得起。

D男說話了：「唉唷！妳們這種年紀女生吃過太多好的，懂得的門路、生活經驗不比我們少，我們要拿什麼唬爛妳們？」

「對啊，我最怕酒量比我好、開車技術比我好、薪水又比我高、交友比我廣闊的女人。我們就是愛面子，年輕女生在社經地位上就是比我們低，比較好搞定。」

「沒辦法，我們男人就是愛正妹。當然也有很多女生可以像志玲姊姊一樣越老越正，像張曼玉一樣越老越有味道；但是我身邊那些30歲的女人，我每次被逼要幫她們介紹男友，連說『她長得還不錯』都有點心虛。但是年輕的女生不需要保養，就算她們玩得兇、老得快，也不關我們的事，我們還可以找更年輕的。」

其實我也認識不少他們口中的無知少女，只是我常覺得無知的都不是那些少女，而是這些男人。

交過不少老男友的少女一號說：「我只能說，男人就是笨，而且越老的越笨！他以爲我是無知少女，我才覺得他們是無知又自以爲是的笨好人。跟我同年紀的男人對我好，我會頒給他好人卡；那些老男人對我好，我也會頒給他好人卡，只是發卡期比較長，而且他們的好人卡還會鑲金邊。」

「鑲金邊？」

「對啊，以感謝他們花的錢比較多。」

只愛成熟男，不跟同年紀男生交往的少女二號說：「熟男的好處是，他比較懂得照顧妳，而且他們出手比較大方，跟他們在一起見的世面也比較廣。一旦妳眞的跟出手大方的男生在一起過，妳就很難回頭了。而且熟男的工作很忙，管不到我，不像同年紀的男生每天閒閒黏在妳身邊，我覺得很自由啊！說難聽一點，我跟別的男生約會他也不會知道，我都說是要跟同學討論報告。」

少女三號說：「不要把我跟那些拜金女混爲一談，我跟熟男交往眞的只是因爲我覺得自己個性比同年紀男生成熟，我比較欣賞成熟一點的男人，感覺比較有安全感。只是要小心一點，很多熟男其實都會隱瞞自己有女友（他們都會說是前女友）或有未婚妻，甚至有離過婚的事實，來跟妳交往；更慘的是，我聽過很多最後都還是回去跟女友（雖然他們還是說前女友）在一起，他們藉口都會說『妳還年輕』，如果當初覺得我太年輕就不要跟我在一起啊！」

少女四號聽到後說：「很多男人都有這種『婚前返老還童症候群』，他們遇到女友逼婚開始恐懼，這時出現小妹妹讓他們覺得輕鬆愉快彷彿年輕10歲，可是最後他還是要給女友一個交代。導致我現在遇到大我很多的男生追求我，我一定要做身家調查。」

熟女也要說話了……

32歲事業有成的單身熟女A說：「我男友的前女友就是小他10歲還在念書的女生，他說他前女友自己上台北念書還要租房子經濟狀況比較拮据，所以常到大賣場買家用品給她，連她的電腦、電視、冰箱都是他買的。不是我愛計較，但是有一次我的印表機壞了，他幫我上網買一台後叫我有空再給他錢，靠！會賺錢的女人就不是人嗎？憑什麼他可以買電腦電視冰箱給前女友，只是因爲她比較窮；我會賺錢就活該倒楣，連一台三千元的印表機都要付給他錢！我在意的不是三千塊這件事，這點小錢對我來說一點也不重要；我在意的是爲什麼他可以餽贈一堆東西給前女友，我卻一點也沒有？難道我要裝窮他才會對我好嗎？」

「幹嘛裝窮？他對妳好不好，跟他是不是同情妳根本是兩回事。何必跟他的前女友比，妳又不想當拿人手短的人，妳又不需要妳男友接濟，難道他多送妳一點東西就代表他比較愛妳，還是妳比較重要嗎？」

熟女B說話了：「女王妳不懂，這個社會給我們熟女的壓力有多大。我受不了每次朋友聚會，男生身邊帶了一個20出頭的小女友，一副他很罩的樣子，更可怕的是我根本不知道要跟20出頭的小女友聊什麼。吃完飯他們要去夜店續攤，我說我要回家隔天要上班，她還會問我爲什麼如此可憐，上班就不能去續攤？」

熟女C說：「A，妳的男友根本還好，我前男友還幫他小女友付房租，還帶她出國度假，因爲小女友說朋友的男友都會帶她們去Bali島玩。但是他跟我在一起的時候旅費都要跟我算清楚。更好笑的是有一次生日他送我一個Gucci包，我感動的跟他說『謝謝你送我這麼貴重的

東西』，他還很訝異的說『我小女友都不會跟我說謝謝』，我差點脫口而出這是我此生收過最貴重的禮物。原來，在他小女友心中，這只是日常一般的禮物而已。唉！整個遜掉！」

熟女D說：「其實我覺得比較好搞定的反而是我們熟女吧，我們見多識廣，到最後反而要的是很簡單的感動。我承認年輕的時候會因爲男人很罩所以很崇拜他，也曾爲了男人的金錢、權力或地位而迷戀；但是現在看多了，反而更欣賞眞誠單純的男人。有些男人以爲請吃大餐送名牌可以打動我們，其實錯了，那只適合用在沒見過世面的女人身上。」

「有人說男人和少女不過就是各取所需，但這不就是一個各取所需的現實社會嗎？或許我們都太常用有色眼光看他們，說不定人家是眞愛啊！有很多年紀差滿多的人也是幸福美滿，只是看你找『對象』的心態是什麼，如果你要的只是青春肉體，那麼你就不能怪人家太青春，或青春不再。而且女人也不必氣餒啊，如果只是爲了想當青春肉體，一旦妳老一點，馬上就會被下一個青春肉體取代，妳何必去當一個隨時可以被取代的東西？」

「有人說年輕等於單純，我只覺得這眞是愚蠢。何不正大光明的說你就是有一點處女情結，但是你怎麼曉得性生活的活躍度、經驗值和年齡一定成正比的關係？」

「其實年齡並不是最大的問題耶，我交過大我八歲的男友，我原本以爲他會比較成熟穩重，結果沒想到他比我還幼稚。我現在的男友才大我一歲，可是我覺得他的思想很成熟。年齡眞的不是太大的問題，女人也不要覺得男人比較老就一定比較成熟穩重可靠、想定下來不愛玩，錯，男人的心態跟年齡無關，活到老玩到老的男人很多！」

如果要說男人的少女情結就是一種生物的本能，我完全同意男人誠實的說法。但我發現，特別喜愛無知少女的人，往往都是最無知的人，他們享受著這樣的無知，因爲他們覺得自己好單純：「我好像回到了18歲！」「我想抓住青春的尾巴！」

如果你的心態是如此，請不要怪女人，你年輕時候領好人卡，你年紀大的時候還是照樣領好人卡……只不過，你的好人卡有鑲金邊，如此而已。

假宅男，真色狼

他總是說他很宅，他很低調。所以他回到家後很少會接妳的電話，不是說「我在睡覺沒聽到電話」，就是「我在打電動沒聽到電話」，或是「因為沒人會打給我，所以我回家都關靜音」……

自從幾年前宅男一詞紅了以後，處處都可以聽到以宅男自居的男人。很妙的是，妳常疑惑：「他是宅男？」

現在我觀察到一種現象，以前宅男不是很受歡迎的男性類型，不管在電影裡、在現實生活中，只要我們提到宅男，刻板印象就是很悶、不愛出門、不善言詞、不敢交女友。於是我們常會聽到女生笑男生：「你很宅耶！」讓許多宅男還沒追女生就被打回票，甚至成爲好人卡卡友。

但是現在情況卻跟過去不太一樣，宅男一詞當紅成爲顯學，宅經濟發酵，許多偶像男藝人紛紛表明其實自己也是宅男，宅男開始成爲男人裝無辜、裝乖、裝可愛的最新抬頭。宅男

的笨拙變成純情，龜毛也可稱爲害羞，不善交際也成了油腔滑調男界的一股清流。女生笑男生：「你很宅耶！」的另外一個意思也可能是：「你宅得好可愛！」

於是乎，許多男人紛紛搶當宅男，宅男成爲把妹招數中「假gay扮姊妹」之後最新的「無害男」類型。（假gay扮姊妹是女王曾說過男人把妹方法的一招，因爲女生誤以爲對方是gay或姊妹淘，覺得無害失去防備，於是很容易成功把到妹。）

老實說，我一向是對宅男很有好感，我也不諱言常在公開場合講：「寧可男友在家打電動不出門，也總比去夜店好。」我常幫助宅男朋友追女友，於公於私在各方面我都是力挺宅男的。

但是我現在漸漸發現，越來越多自稱宅男的男生，其實根本就不是宅男。他們就像披著羊皮的狼，到處稱自己是宅男，卻是假宅男，眞色狼！

妳會發現這些男人有些共同特點，口才好風趣幽默（相較於宅男的木訥寡言），長得不差而且還會打扮（相較於不出門不時尙的宅男），朋友多人緣好（相較於宅男的朋友幾乎都是未謀面的網友），總是說想交女友很想定下來（但是約會對象一直不斷），愛說他不喜歡社交不愛出門（所以約會對象總見不得光，約會不出門只帶回家），他們總是四處嚷嚷自己是宅男，偏偏他們做的事卻一點也不宅。難道是我們誤會宅男的定義，還是對宅男有過多的誤解和美化？

最近我觀察到許多「以宅男之名，行把妹之實」的假宅男現象，也因爲「宅男」是個太

好的保護色，許多玩咖紛紛「扮豬吃老虎」四處跟人說：「我是宅男。」可是很妙的是，他總是晚上不在家打電動而跑去夜店，去了夜店又騙人說我平常很少出門，剛好今天有出門，剛好今天比較晚回家。

他會說：「我沒有女朋友，我很少女生朋友。」可是妳發現他的異性緣奇佳，打給他的幾乎都是女生，MSN名單都是女生，Facebook裡都是女生，他隨便約吃飯都可以找到好幾個女生「剛好」今天有空。

他總是說他很宅，他很低調。所以他回到家後很少會接妳的電話，不是說「我在睡覺沒聽到電話」，就是「我在打電動沒聽到電話」，或是「因爲沒人會打給我，所以我回家都關靜音」，事實上是他不一定在家，如果他在家不方便接妳電話，是因爲他都把女生帶回家。

假宅男連偷吃都很宅，出外有風險，在家最安全。

我聽過最扯的是有個男生明明長得帥、又有錢，怎麼看都是具有天生當玩咖的最佳條件，但是他總是說他沒有女朋友，因爲他說自己是純情宅男，希望大家幫他介紹女朋友。後來眞的有人幫他介紹女朋友，他跟那女生第一次見面就要帶她回家，親人家臉頰問她喜不喜歡他。女生嚇了一跳心想：「他不是說自己很宅嗎？」

後來才發現，其實他早就有女朋友，只是從沒跟朋友公開，常在家或不接電話不是因爲打電動，而是跟女友約會。而且最扯的是，還被我看到開車載辣妹約會，看到我還不好意思打招呼。

假宅男發現，看起來像玩咖、夜店咖的油腔滑調男已經漸漸不受女生歡迎，要把妹絕對不能「看起來很花」，所以交過的女友數量都要除以三（這不是以前女生才會幹的事？），寧可搞曖昧也不要戀情上檯面，更絕對不能說自己很會把妹，如果人家說他怎樣，他會說都是女生來把他，他不知道人家喜歡他。他努力塑造乖寶寶形象，很宅、很乖、很害羞、很純情，女生都會覺得他好可愛。

假宅男樂於到處宣傳「我是宅男」，但是眞正的宅男並不一定會到處嚷嚷。

我只想說的是，這些假宅男們，你眞的不是宅男！

請不要再一天到晚強調自己有多宅，也不要侮辱眞正可愛的阿宅！

我男友說，他沒有女朋友

他們在脫掉妳衣服的時候都很勇敢，遇到問題的時候都很懦弱。
他們總是說要找尋真愛，可是他從來不珍惜別人的愛。
他們想要有女朋友，卻又想要享受單身。
他們需要寂寞的時候有人陪，卻又渴望自由的時候不被干擾。

這年頭有太多人，罹患了承諾恐懼症。

那天聽到一個朋友跟我哭訴：「我的男友跟別人說，他沒有女朋友。」

「爲什麼？你們不是已經在一起半年了嗎？」我很驚訝。

「我發現他還是有很多曖昧對象，有時候他會騙我去跟別的女生單獨約會，其實我都知道，但是又不想被他發現我在查他、不相信他，我也好痛苦。可是我不懂，如果他還想單身，他可以不要交女朋友，如果他還想玩，爲什麼說他想結婚？」

「他眞的想結婚，只是他不想跟妳結婚吧！」我心裡默默的想起這句我曾經在文章裡寫過

的台詞，但終究不好意思開口告訴她，我只是淡淡的說：「或許，他並沒有那麼確定妳……」

「我知道我愛他，我很怕失去他，我是不是只要一攤牌就會失去這個男朋友？可是我真的厭倦了要去猜疑，要去跟情敵競爭、要去故做大方，沒有安全感的感情關係，我到底要怎麼辦，才能讓他眞的想定下來？我眞的不知道該怎麼辦！」她難過的啜泣，我靜靜的遞給她一張面紙，我想開口，喉嚨卻突然乾澀……

唉！親愛的，原來我也好難過。

「我知道，我們想要的是一段穩定的關係，而不只是一段泡沫戀情。我知道，我們都夠勇敢的去拿出我們沒有防備的眞心。我知道，我們都很老派的需要一些認定、一點承諾，即使我們都知道承諾的有效期限總是比我們想的短暫。但是，這樣的要求眞的算是很高嗎？」妳忍不住拉高了音量。

我笑笑的聳了聳肩：「我不懂，爲什麼現在的人都變得好膽小，害怕承諾、害怕失敗、害怕受傷。他們總是說眞愛難尋，但重點是，他們從來沒有認眞的、拿出勇氣去面對可能會是眞愛的那個人。」

「但是，爲什麼我男友明明跟我在一起很好，卻又害怕跟別人說他有女朋友？」

「妳男友情願僞裝單身，只是因爲他怕妳不是他的眞愛？」

「我知道他很喜歡我，但是對於認定一段關係或許對他來說需要太大的勇氣……」

「那都是bull shit！」不用幫他找藉口了。

如果我是他，我夠愛妳，我一定恨不得跟全世界的人廣播我多麼幸運可以跟妳在一起。我一定會跟那些喜歡我的女生說，我已經跟妳在一起。我一定會恨不得馬上預約妳後半輩子的人生，因爲我不想錯過妳。

如果我是他，我絕對會很大聲的告訴別人，妳是我的女朋友。

我最近常常聽到，有男友說怕女友不敢定下來，所以不知道要不要「正式」在一起。有女友說怕男友有太多女生喜歡他，他或許還沒做好選擇是不是要跟自己在一起；有人說怕對方年紀大不敢耽誤人家青春；有人說怕對方年紀太小還不想要定下來；有人說他還沒玩夠怕不知道自己要的是什麼；有的人說還沒讓對方玩過怕他結婚會後悔；有人說怕對方還沒挑完；有人說怕自己還沒ready；有人說以結婚爲前提會嚇跑男生；又有人說不以結婚爲前提那我算是什麼女生；還有人說他想結婚但是怕對方不是Mr. Right；也有人說他不想結婚但是怕人家以爲他是Mr. Right……

最後他們都沒有在一起，因爲他們害怕太多wrong，反而不知道什麼才是right……

他們說，眞愛就是要在對的時間遇到對的人，但是很多時候，他們根本不知道自己對的時間在哪裡，因爲他們總是沒有準備好……

他總是跟妳說：「I am not ready.」

他們在脫掉妳衣服的時候都很勇敢，遇到問題的時候都很懦弱。他們願意跟妳做愛，卻不願意在別人面前牽手。他們總是說要找尋眞愛，可是他從來不珍惜別人的愛。他們總是推

託時間不對、人不對，卻從沒想過自己哪裡不對。

他們想要有女朋友，卻又想要享受單身。他們需要寂寞的時候有人陪，卻又渴望自由的時候不被干擾。他們想要有人等他回家，但又害怕他今後只剩一個家。

他們總是說戀愛是兩個人的事，但到最後都變成妳一個人的事。他說妳是他女朋友，但是他不喜歡在公開場合牽妳的手。妳說他是妳男朋友，可是他不喜歡介紹妳給他的親朋好友。

於是有一天妳們分手了，沒有人知道他交過女朋友。

因為，他是妳的男朋友，妳卻只是他的砲友。

這裡要來談談「男人的承諾恐懼症」，爲什麼妳的男友不願跟別人承認他有女友？來聽聽男人的眞心話吧！

1 他其實沒那麼喜歡妳

這句來自慾望城市編劇Greg的名言：「He's just not that into you.」實在是太經典了。對，不要再替他找理由、幫他找藉口了，他其實就是沒有妳想像中的那麼愛妳。他想跟妳約會，但是還不至於想發展成一段需要負責任的兩人關係，他喜歡妳，但是沒有喜歡到願意把妳放在「女朋友」那個神聖的位置。

但妳還是情願相信他很喜歡妳，即使他總是說很忙沒時間打給妳、忘了你們的約定、愛陪不重要的朋友喝酒也不陪妳、最討厭情人節不喜歡過節送禮、工作壓力太大導致看到妳沒有性趣……

其實捫心自問，如果你夠愛一個人，這些事情怎麼會有可能？

2 妳配不上他

因爲在他心中，妳不夠好，妳配不上他。可能是妳不夠正、學歷不夠高、工作上不了檯

面、條件不夠好，甚至家世背景配不上他。所以他沒辦法帶妳回家，也沒辦法介紹給他的親朋好友，他怕別人會笑他，他媽會罵他。

譬如說我聽過有的男生朋友家裡明文規定不准與藝人或model交往，所以他交的女友就不能公開，他們還是會交往，但是絕對不會娶回家。還有聽過有學歷太低、身高太矮、家庭背景懸殊、政治黨派不同、長得不夠漂亮等各種篩選條件……他會跟妳在一起，可能是因為他現在也沒遇到他覺得夠好的女生，但是當他遇到下一個命中註定的天命眞女，他就會一腳把妳踢開。

3 做了只好跟妳在一起

很多人只是因爲寂寞而跟對方上了床，做了之後還算順眼，就從一夜情發展成愛情關係，但其實他們並不是眞的想跟妳在一起，只是因爲他們不想被當成禽獸、辜負女生的壞男人，而且女生也很喜歡他，多做幾次也聊得來不如在一起。

但其實他們只是「假戀愛眞上床」，妳問他愛不愛妳，他都會說：「我愛妳啊，傻瓜！」但是他不會主動說愛妳。

他不是很想認識妳的朋友，也不是很想了解妳的生活，他跟妳見面大部分的時間都是上床。他不是那麼想承認他跟妳在一起，他覺得彼此只是湊合著在一起。因爲他自己也搞不清

楚他是眞的很想跟妳在一起，還是只是因爲跟妳上了床，只好「暫時」先跟妳在一起。

4 他還想跟別的女生約會

他還留戀著他的「黃金單身漢」金字招牌，他還想認識很多正妹，他還想跟很多女生搞曖昧，他還想跟不同的女生約會。就像我一位男性朋友說得好：「我30歲，我現在正發光發熱，每天都有認識不完的妹，我怎麼可以拿一個罩子讓自己熄滅?!」

但是，即使他現在有了妳這個女朋友，他也不想斷掉外面任何可能的機會，他怕他公開跟朋友說妳是他女友，哪個多事的朋友幫他宣傳，導致全世界都知道他死會，他就再也沒有機會。於是，妳常常可以見到一群明明有女友、但還是喜歡「僞單身」的男生朋友，他們絕對不會主動跟別的正妹說他有女友；妳問他有沒有女友，他會說他很寂寞，他都遇不到眞愛，找不到了解他的人。

請注意：「寂寞、遇不到眞愛、找不到了解他的人。」這都是話中有話的把妹安全說詞。是啊！他有女友，只是他還是很寂寞、不知道女友是不是眞愛、女友也不是最了解他的人。

5 他還沒準備好

他總是說：「I am not ready.」這是最受歡迎的台詞。

但是妳問他的時間表，他永遠沒有準時的時間表，他會說兩年後、五年後，或是等他賺大錢的時候。其實他根本沒有把妳放到他未來的人生規畫表裡，那不是他的錯，因爲他連自己的規畫表在哪裡都不知道。他害怕別人問他什麼時候想定下來、想結婚，他害怕跟妳去吃喜酒，他害怕帶妳去見家人，他更害怕跟妳逛街經過婚紗店。

可是神奇的是，很多口中總是嚷嚷著「I am not ready.」的男人，通常分手後會馬上娶下一個女人。妳納悶，他不是說五年後才準備好，等他存到五百萬再考慮結婚嗎？爲什麼他一跟我分手就要結婚？

笨蛋，這不是時間的問題，是人的問題。

6 他想結婚，只是他不想跟妳結婚

延續上面一點，很多男人到了適婚年齡總是說想結婚，甚至他都放話說要以結婚爲前提來交往，但是他跟妳交往後，妳就再也沒聽到他在妳面前說過「結婚」這個話題。

見鬼了！

他害怕在公開場合介紹妳是他女友，因爲大家會問他是不是好事近了，他說他會有壓力。他害怕妳跟他逼婚，這樣會讓他恐婚，於是他漸漸不想向別人自我介紹他有女友，因爲他怕別人以爲他馬上要結婚。

但是，其實他並不是恐婚，也不是不想結婚，只是他打從心裡就不認爲他會跟妳結婚。

7 他會說：「我不想破壞妳的行情。」

他很體貼爲妳著想，怕公開了會破壞妳的行情，他說其實他不夠好，還有更多好男生追妳，他不想害妳失去機會多比較。但是，人家女生不再介意「破壞行情」都要跟你在一起了，你在那邊假好心什麼？我看是你不想破壞「自己的行情」吧?!這種男生眞的一點責任感也沒有，我才不相信，如果你愛一個人，你會想要拱手讓人？

這一切絕對不是「我爲了妳好」，如果一個男生愛死這個女生，他當然非她不要，最好讓全世界知道她是他的女友，沒有人可以來跟他搶女友。豈有不想破壞女友行情，想要她更多人追，怕別人比自己好所以趕快把女友讓人這種道理。

他眞的愛妳的話，他會想盡辦法讓全世界知道，妳是他的女人。

8 他還有別的女朋友

他不想承認妳是他女友，因爲妳不是他唯一的女朋友。他還想偷吃，還想跟前女友曖昧，還想交別的女朋友，所以他才不願意公開承認妳是他的女友。所以，妳還是先去確定一下他還有沒有其他的女友。

妳要注意他是不是總是說要低調。見鬼！他又不是大明星怕跟拍，爲什麼跟妳在一起要裝低調？妳是哪裡見不得人？很妙的是，愛偷吃的都說喜歡低調，他不是眞的害羞，只是他談戀愛從來不會高調。他不想讓妳上檯面，因爲他所有的女友都在檯面下。沒有人知道他交過幾個女朋友，也沒有人知道他現在有沒有女朋友，他們打太極的功力比大明星的經紀人還高招。

妳不是他的女友，因爲他從來不會承認他有女友。

看到這裡，妳應該可以了解他不願意承認或許有哪些原因。等待一個「承諾恐懼症」的男人不再害怕承諾，可能很難等得到那一天，不如找個有肩膀、有責任感一點的男人吧！

晚上十一點以後才會打給妳的男人

喝醉酒後的愛，絕對不能當真。如果不能頭腦清楚的談戀愛，不能對自己說的話負責，不能在意志堅定的情況下告白，這種愛情，頂多只是一夜情。

有個女生交了個男友，交往了半年大家始終看不見她的男友，每次問她要不要找他吃飯，她總是說：「我男友很忙，他要晚上十一點以後才會有空。」

「所以你們沒在晚上十一點以前約會過？」朋友驚訝的問。

「幾乎沒有吧！他很忙啊，很晚下班。」

「那你們有一起吃過晚飯嗎？男女朋友約會的那種晚飯？」

「嗯，沒有耶，只有一起吃過消夜，他會請我幫他買消夜。」

「那這樣哪算男女朋友，連吃晚餐都沒有，這不是連約會都沒有？」

「我們有約會啊，他會來找我，或是我會去找他。」

「去哪裡？」

「我家或他家。」

「那你們有一起看過電影嗎？」

「沒有吧，在家看DVD算不算？」

「不算啊！沒看過電影哪叫男女朋友！」

「那你們有親密關係嗎？」

「廢話這還要問喔？」另一個朋友忍不住插話。

「那……你們到底算不算在一起？」

「算吧！我們都在一起半年了。」

「所以你們沒有週末白天約會過、沒有一起去過電影院、沒有吃過約會晚餐，甚至沒有在公開場合見過彼此朋友，那你們都怎麼『在一起』？」

「他會打給我，他會陪我、我會去陪他。我們很常在一起啊！」

「他幾點會打給妳？」

「大概晚上十一點以後。」

原來，她的男友是一位「夜行性動物」，只有晚上十一點以後才想約會。但基本上，晚上十一點以後的單獨約會（甚至單獨在室內）就是「性邀約」。如果一個男人連跟妳吃個飯、看個電影這種出去約會的時間也不願意浪費，只希望妳來找他、他來找妳，共度美好的一夜；而妳的生活他從來不願參與，他的世界妳總是無法參與。

這樣的關係，真的算「在一起」嗎？

各位女生，有三種男人一定要小心：

第一，總是在晚上十一點以後才會打電話約妳的男人。

第二，總是在喝醉酒後才會打電話給妳的男人。

第三，總是臨時打給妳就要約妳出來的男人。

第一，所謂的晚上十一點後才會打給妳的男人，除了某些工作上的特例一定會超過十一點下班（但妳必須確定他真的在上班），否則我只能說「妳是他的甜點，但不是他的主菜」，更甚者，週末總是無法陪妳，很多是早已有正牌女友或是已婚的男人。

如果一個男人重視妳，他不會用「我談戀愛喜歡低調一點」當做不把妳公開的好理由（除非他是周杰倫或任何大牌藝人）。他愛妳、他喜歡妳，他恨不得跟全世界宣布你們在一起，他有空一定想陪妳。即使他再忙，他去上廁所也會想辦法抽出一分鐘打電話給妳；沒有時間都只是藉口，只是看他要不要花時間。如果他真的重視妳，他怎麼可能只會在十一點以後才打給妳？

如果你們相處的時間總是在他家或在床上，妳必須認真考慮「交往」的定義。

第二，總是在喝醉酒後才會打給妳的男人，這種男人總是會塑造出「酒後吐眞言」的鐵漢柔情形象，讓妳爲他一把鼻涕一把眼淚的感動「原來我才是他的眞愛」。醒醒吧！喝醉酒才會打給妳的男人，其實就是不想在腦袋清楚的時候想到妳，他不想對自己說的話（和行爲）負責，而且他對妳說的「酒後眞言」等他醒來馬上忘光。

更恐怖的是「總是在十一點以後加上喝醉酒後」才打給妳的男人，千萬不要聽信那些男人酒後說有多愛妳，眞的愛妳的男人絕不會在意識不清楚的情況下告白，他應該愼重的、認眞的，把自己說的話當一回事，而不是用喝醉來逃避「說話就要算話」的責任。喝醉酒後的愛，絕對不能當眞。如果不能頭腦清楚的談戀愛，不能對自己說的話負責，不能在意志堅定的情況下告白，這種愛情，頂多只是一夜情。隔天醒來，沒有人會對自己說過的話負責。

我的男性朋友說，男人有清醒和喝醉兩種模式，他會在清醒情況下愛的絕對是眞正愛的女人，在喝醉情況下愛的只不過是玩玩就好的女人。他愛一個女人，他會用尊重她的方式去愛她。更何況我的好友史丹利也說過，男子漢絕對不會喝醉酒才告白。如果男人眞的愛一個女人，會希望自己在理智清醒的情況下展開一段關係。

不要相信酒後吐眞言的愛情，如果他總是只約妳去喝酒，只會十一點以後喝醉酒才「突然」想到妳，最好的方法就是掛斷他的電話，好好睡個美容覺。

要嘛就要當主菜，爲什麼要當他酒後的甜點！

第三，有些男人總是臨時打電話約妳「等一下要不要去××？」「我現在在……妳要不要過來？」他會到快下班（或過了吃飯時間）才臨時問妳要不要一起吃飯，他跟妳的約會總是很臨時才決定。他總是沒有計畫到哪裡才「突然」想問妳要不要一起，他會突然告訴妳他在哪裡，妳要不要過去找他……

如果他總是如此，妳總是捉摸不定他的時間表，他總是不會事先約妳、不會認眞安排一次約會，老實說，妳只是一個「墊檔」的。

可能他本來排好的行程剛好想約的、約好的女生不能來，或跟別人的約會剛好中間有空檔，所以找妳出來墊檔；可能是他現在突然無聊，晚一點又有約會，所以找妳出來喝杯茶。如果他在任何重要的日子、時間總是有事、要加班、要回家侍奉雙親、要應酬，總是無法跟妳一起晚餐，晚餐時間打給他又正好很忙無法接聽。親愛的，妳眞的只是墊檔的。

或許他忙完主菜會在十一點以後來找妳這個甜點；他臨時約妳因爲主菜臨時放他鴿子；或其實他有很多選擇，妳只是他選擇的其中之一，他每個女人都會約，誰有空就約誰吃飯。所以他臨時打給妳，因爲妳是剛好是今天唯一有空的，bingo！恭喜妳中獎！

很多人覺得這是驚喜，但千萬別高興得太早。妳要看他是不是總是臨時才打給妳，妳總是不能預定他的行事曆，問不出他的時間表，這次約會不知道下次何時見面，妳絕對不是他唯一約會（或交往）的對象。

任何一個嘴巴上說愛妳、重視妳的男人，絕對要用「尊重妳」的方式去對待妳。

男人會尊重懂得尊重自己的女人。
請離開這三種男人。

妳愛他，還是愛他的職業？

如果妳愛他，妳也會一樣愛他的工作。
而不是因為他的工作，所以才愛上他。

雖然說職業無貴賤，但是現實世界裡，妳不得不承認，職業還是有貴賤的。如果要說一個大家口中的優秀職業，以及相親市場上最受歡迎的職業別，大概就是「醫生」了吧！

從以前到現在，我認識許多與醫生交往過的人，十個有八個都曾跟我說：「我的醫生男友家人說，他只能跟醫生交往。」不只是男生，在我大學時代認識念醫學院女生的男友，爲了符合她家人規定「我女兒只能跟醫生交往」而放棄所學，重考一次大學進入醫學院後，又被女生家人嫌棄「你念的不是台大醫學院」而被迫分手，當時的我聽到只能用「錯愕」兩字來形容。

而我發現，通常念醫學院的學生，很多父母本來就是醫生，他們希望自己的子女也能跟他們一樣，而產生所謂的「醫生世家」一詞。尤其若父母念的是名校的醫學院，更希望子女

也能繼承自己的優良傳統，成為自己的學弟妹。尤其父母若是名醫，子女的壓力和背負的責任也會特別大。

根據我深入民間的觀察發現，許多念醫學院或當醫生的朋友的確有提過這樣的現象，甚至很多正在跟醫生交往的人更是感同身受。我認識跟醫生交往的女性朋友們，如果她們的職業不是醫生，通常一開始會被對方的父母質疑「妳配不配得上我兒子」；當然這不是每個人都會遇到，但是不幸遇到時，妳會懷疑「職業無貴賤」到底是不是說得比唱得好聽，為何你兒子當醫生地位就比較崇高，別的女人跟他在一起就是要攀附他？

還有的醫生世家父母，雖不限定小孩一定要跟醫生交往，但是嚴禁與護士交往。或許從過去到現在，醫生是收入很高、很受敬重的職業，於是許多女人以嫁給醫生成為「醫師娘」為榮。因此社會上的階級制度，醫生一直是占著很崇高的地位。

我的女性朋友A說：「我男友是醫生沒錯，現在即使在大醫院當醫生，薪水也不會多高。但是他爸媽一直覺得兒子是醫生一定很有錢，要拿錢給父母。我去他家的時候，他父母還會對我冷嘲熱諷，嫌我不是醫生只想當醫生娘！拜託，我都不好意思跟他爸媽說，其實我賺的比你兒子多！」

女性朋友B說：「我男友的爸媽即使知道我們交往中，還是一天到晚幫他安排相親飯局，介紹給他兒子的也都是醫生。好像只有當醫生才是血統純正、基因優良，醫生界的聯姻好似豪門聯姻一般的政治正確。」

我的男性醫生朋友說：「唉，我就是妳女性朋友說的那種一天到晚被迫相親的醫生。我也很苦惱啊，但是我全家大小都是醫生，我要去哪裡找不是醫生但是他們又喜歡的女生？」

另一男性醫生說：「老實說我們在相親界是很受歡迎啦！但是只要女生知道我是醫生，都以爲我一定很有錢，其實我每個月薪水扣掉要繳的錢也只剩下三、四萬，也不過跟一個上班族小主管差不多，不要以爲我們很有錢，眞的有錢要找那種開業的啦！」

我也認識許多跟醫生交往過程中很努力才得到對方父母認同的女生，除了替她們感到心疼，也深深的不解，爲什麼會有這麼多人遇到這樣的問題，難道一個好男生、好女生只是因爲不是醫生就要被否定？三百六十行，行行出狀元，每個職業都有值得尊敬和肯定之處，爲什麼一旦有個被普遍認定社會階級比較高的職業，就要否定那些與你不同的人？大家都是努力在這個社會上求生存的人，不是嗎？

會寫這篇文章也是因爲常聽到有人跟我討論，雖然也有很多醫生朋友並沒有這樣的困擾，但是同樣的話題長久以來一直存在著，這讓我覺得非常不可思議。就如同我朋友所言：「他的父母憑著哪一點認爲別人的職業都配不上醫生？」

不過後來故事的發展出乎我們的意料，我的朋友和她醫生男友交往一年後因爲受不了她男友父母的壓力而分手。他們在一起這段期間，他父母不斷的爲兒子安排相親，好像當他女友不曾存在過，因爲她不是醫生配不上他。後來她發現，男友父母幫他相親的對象也不全都是醫生，還有很多政商名流的後代，所以重點根本不是「醫生」，而是錢。

他們分手三個月後，男友宣布閃電結婚，結婚對象不是醫生，是某個政治人物的小孩。原來醫生世家也是樂於跟政治世家聯姻，但是後來更戲劇化的發展是，兩家人都愛面子的要在五星級飯店辦婚宴，一桌要兩萬五起跳，訂了飯店卻沒有人要付錢，因爲兩家人都覺得：「對方比我有錢！」

原來一個愛錢、一個愛權，卻沒有人想多出一毛錢。我朋友知道後大笑：「還好我跟他分手了，離開這種勢利的家庭是對的。如果他喜宴順利辦成，我一定會包紅包給他貼補家用。」

我覺得，人如果想利用別人、居心叵測、心存歹念，通常都會遭到報應，例如說喜歡處女的男人通常會娶到假處女（不然你以爲那些做處女膜的女生要嫁給誰）；愛慕虛榮的女人通常會被假小開騙（如果妳愛錢，我不騙妳騙誰）；如果你把感情和金錢地位階級利益放在一起衡量，你怎麼看人，別人就怎麼看你。大家如果互相利用沒有衝突還好，如果破局的話，就會上演爭產爭子的社會新聞，難看至極。

回到主題，爲何有些醫生的父母希望自己子女也和醫生在一起？我覺得首先來說，醫生從古至今在社會上都是被人尊敬的職業，在以前沒有健保的年代，醫生收入比現在多出很多倍。醫生除了是聰明的象徵也有令人敬重的社會地位，更有比一般人好的收入。於是許多女人以當「醫生娘」爲榮，在以前，醫生娘大概如同貴婦，嫁給醫生就如同捧了金飯碗，令許多女人趨之若鶩。

所以，在戀愛、婚姻市場，醫生一直都是非常受歡迎的職業。

雖然我不喜歡「看醫生」，但是我認識不少很棒的醫生朋友，我了解他們工作非常人的生活作息和壓力，所以我也非常敬佩可以當醫生的人，他們的工作值得被肯定與高收入，甚至更高的收入。所以，醫生很辛苦，當醫生的老婆才更辛苦。

但是我不能接受的是，某些身爲醫生的父母覺得自己小孩比較優異而必須跟同一類的人交往，沒錯，你可以覺得自己的小孩優異，但請別那麼勢利。如果是抱著同行的人才能體諒對方工作的心態，或許還情有可原。

但是，這個社會的每一個角落不也都會不斷的發生這樣的問題？又要能符合階級利益，又要能幸福美滿的婚姻，想要占便宜又不想被利用，怕別人來攀附又怕被人說高攀。

當我們拿了太多尺來衡量，卻忘了眞心相愛是多麼難能可貴的事。

有人需要盛大的婚宴與稱頭的人致詞，有人喜歡響亮的頭銜與別人的奉承，有人在意名片的抬頭與政商關係，有人樂於當某某某的老婆、某某某的媳婦；但是，宴會散了、燈光滅了、頭銜沒了、位置不見了，那些別人因爲「你是誰的誰」而尊敬你，而不是那個「什麼也不是」的你。你還剩下什麼？

當你太過現實，這個社會也會對你現實的可怕。

如果妳愛他，妳也應該要愛他的工作。

而不是因爲他的工作，所以才愛上他。

很多女人，會因爲男人的職業來衡量、甚至影響她喜不喜歡一個男人。當然也往往因爲某些職業的「光環」而喜歡上某些人。而迷信這些光環的女人，也往往被光環所蒙蔽、所騙，甚至被利用。最後發現，現實跟自己的想像完全不同，最可怕的是，有的人迷戀上那個光環，也把光環往自己的頭頂上戴。

於是她們會用男友、老公的職業來介紹他們，以及介紹自己。

喜歡一個人，大可不必那麼現實，妳該仔細想想，一旦沒有了光環，妳還可以喜歡這個人嗎？

更何況，誰不知道妳只是想沾光呢？

情深意重前男友

如果你真的那麼愛她在乎她，當初為何要傷害她？又為何在傷害了她之後，還要表現出自己也想當好人？如果她是你的唯一，當初你為何還要劈腿？

有些男人與妳分手後失聯多年，突然冒出來關心妳：「妳現在過得好嗎？」妳正納悶著，他卻說：「其實我一直都很關心妳！」

莫名其妙！當初分手把妳傷得很深、分得很果決，他告訴妳他愛上了別人，妳花了很多時間療傷好不容易走出來；事隔多年他突然想要懺悔，當初不聞不問不關心妳，恨不得馬上離開妳，現在突然「佛心來著」一直跑來關心妳離開他後過得好不好？

妳說妳過得好極了，他還不相信，事實上與他分手後人生大放光明，他還是不死心的想要知道：「沒有我的這些日子，妳過得好不好？」

這陣子，我聽到很多這樣的例子，許多人身邊突然冒出失聯已久的「前男友」，有些朋友的已婚前男友突然在MSN上一直敲她訴說婚後生活多痛苦，突然發現自己還是很關心前女

友，一直寫一些曖昧的對話，女生看到覺得很想吐，忍不住回他：「你老婆預產期是什麼時候？」

另一個女生分手多年沒有聯絡的前男友，奉子成婚後又突然一直找她聊天，問她有沒有男友、離開他之後有沒有遇到眞愛。女生與他分手多年早已把他當陌生人，實在想不透爲何已婚了還要找她聊天，男人講的得好像自己情深意重關心她，事實上，女生根本連他長什麼樣子都記不太清楚了，她說：「他以爲他是誰？他以爲他很重要嗎？」

還有的女生說，當初前男友百般嫌她跟她分手，現在看到女生受歡迎、變漂亮，又交了比他好的男友，居然在自己Blog貼了一堆他跟前女友的合照，以宣示「前男友的主權」，又寫一堆類似舊愛還是最美的文章，令女生不勝其擾。

有個女生被男友劈腿後分手多年，男生也交了女友同居住在一起感情穩定，他卻在分手兩年後試圖想要跟前女友做朋友，並傳簡訊給她：「You are the one.」女生看了大感不可思議：「拜託！他已經有同居女友了，傳這種簡訊實在太缺德了吧！」

甚至還有男人結婚前突然要找前女友出來吃飯聊天，其實只是想來最後一炮。女生發現他隱瞞即將結婚的消息，於是拒絕他的邀約。

由於聽到太多類似的故事，我忍不住覺得好奇的是，爲何這些男人都要以「情深意重前男友」的角色出現在「現在其實一點也不在乎他」的前女友面前；更有趣的是，當初傷害她的男人，現在又想要以關心她、補償她、忘不了她的模樣出現在她面前。

這不是很詭異嗎？如果你眞的那麼愛她在乎她，當初爲何要傷害她？又爲何在傷害了她之後，還要表現出自己也想當好人？如果她是你的唯一，當初你爲何還要劈腿？

更妙的是，大部分的女人在分手後，並不會懷念舊愛，只要交到新男友，人生就是重新出發。但是有的男人分手後，仍一直誤以爲女生還是對他念念不忘，相信即使分手後自己仍在她心中占了最重要的位置。看到女生現在過得好，卻又要出現在她面前想證明自己的重要。他無法相信，當初有多愛他的女生，現在沒有他居然過得更好。

這就是男生和女生不同的地方。

女生只要談了新戀情，前男友對她來說只是路人甲，腦海中自動刪除過去不重要的記憶，如果她忘了你的電話號碼、你的生日，那也是正常的事。

但是男人就不同了，男人不管現在交了女友、已經結婚，都會忘不了前女友。「前女友」就像是他的罩門和死穴，他會忍不住想留意、想關心前女友的近況，如果遇到缺德一點的前女友，請他幫忙、叫他陪她看醫生、喝醉酒請他送她回家、跟他借錢、請他修水電、修電腦；只要缺德前女友表現出「都是因爲你離開我所以我過得不好」加上哭哭啼啼的免死金牌，大部分的男生都會答應。

很多男生寧可抱著讓現任女友不愉快的風險，也要和前女友保持「友誼」的關係。這就是男人的弱點和盲點。

男人的弱點是「不懂拒絕」，他以爲這是做公益做善事當好人。男人的盲點是「前女

友」，他總是誤以為自己要為前女友的不幸負責，他把自己想得太重要；事實上，除了想要利用你、破壞你感情，否則，沒有任何一個前女友想要理你。

前女友不想理你，就是不想理你，請你不要自作多情，我們女人真的比你想的還要無情。所以，我只想跟各位「情深意重前男友」說：「對不起，你真的不重要。沒有你，我們真的過得比較好。」

如果你們真的那麼情深意重，我希望你們只要當情深意重的「現任男友」，而不要總是當個情深意重的「前男友」！

謝謝你的關心，請你好好去愛你的「現任女友」！

以愛爲名的牢籠

有的女人，她們的眼界就這般大。牢裡的屋頂對她們來說就是世界的天空。有的男人，格局就這麼小。能蓋一座牢就是他成就的象徵。

有很多女人談了戀愛後好像得了失智症、行動不便症、自閉症，妳問他要不要一起去哪裡，她會回：「我要問我男友。」妳問他要不要跟姊妹淘聚會，她會問：「可不可以帶我男友？」妳問她要不要一起去吃飯，她拒絕妳的原因是：「今天我男友不能來載我。」

於是她們的口頭禪就是「我男友」，她喪失了決定權，一切都要問她男友，她評價一切的標準，也變成了：「我男友覺得……」她失去了生活上、行動上的能力，只因爲她男友不在身旁、她男友今天不能載她。她的眼中只有男友沒有朋友，她會放妳鴿子，忘了妳生日，不想和朋友聚會，只是因爲她很愛她的男友。

她戀愛甜蜜時，不會想到妳，一旦跟男友吵架分手，才會打電話來告訴她的朋友。而不管妳給她多少良心建議，最後她還是會犯賤的回到該死的男友身邊，而妳變成拆散他們感情

的罪人。他們甚至會放棄課業、放棄工作去陪伴男友，他們會放棄自己的喜好、意見，只因爲她男友不喜歡。於是生活中妳往往可以看見很多女生整天依偎著男友，沒有男友不能活，沒有男友哪裡都去不了，沒有男友她的人生就沒有任何意義。

我當然知道戀愛中的人難免會重色輕友，但是過分的重視男友，到最後妳只會落到沒有朋友。

常有人會問我：「女王，妳一天到晚出國，男友不會怎樣嗎？」言下之意就是，男友都不會反對或不開心嗎？我很訝異爲何常有人這樣問，原來許多人出國玩的首選就是跟男友一起出國，很少女生像我一樣除了工作出差外，幾乎都是自己一個人旅行或跟朋友出國。

甚至很多想安排自助旅行的讀者都是以「跟男友出國爲前提」，如果自己想去，他們會說：「我要問一下我男友。」有時我很疑惑，請問，妳男友是幫妳出旅費嗎？如果不是，爲何妳不能決定自己要不要出國？有時我都很想回答他們：「我爸媽都沒意見了，男友憑什麼有意見？」如果妳年紀還輕，妳第一個該問的是爸媽的意見，而不是男友的意見。

雖然我常出國，但我不覺得會影響感情，反而覺得人生多了很多經歷可以跟對方分享是一件多美好的事。但有人說：「如果可以跟男友一起去、一起分享不是更好？」的確是很好啊！但是，人生有很多經驗也不一定都要有人「陪妳」體驗，因爲有人陪妳跟妳自己體驗絕對是兩回事。如果妳人生所有的事情都要拉著人、有人陪妳，妳才願意體驗，那豈不是無趣至極，更何況，妳還有什麼是屬於妳個人的成長與生活閱歷？

許多人談了戀愛，把彼此對對方的限制當做愛不愛的象徵。於是對方管妳越多、限制妳越多，妳就會認爲他有多愛妳。於是我們會看到很多女人，談了戀愛後，世界變得很小、眼界變得很小，心胸也變得更小。

我也曾經把「限制」當做愛的表現，所以，以前男友限制我交朋友、限制我工作發展、限制我不能打電話給男性朋友、限制我的興趣喜好，我都以爲我很幸福，因爲我的男友這麼愛我。但是，後來我才知道那都是錯的！

很多人誤以爲能夠改變對方才是眞愛，於是不斷的想以愛爲名改變對方原本的模樣，或許改變成功了，你很開心，但是我深深覺得，那只是一時的「遷就」，而不是眞正改變。如果要改變一個人才能讓你愛人，不如找一個不用你去改變的人。

他們總是愛說：「我是爲妳好。」但是仔細想想，這眞的是爲妳好，還是爲他好？

我一直覺得，一個健康的愛情，應該是彼此在一起之後互相成長，學業事業都彼此砥礪進步，視野變得寬廣，生活變得更豐富更充實，心情變得更美好，人生也會越走越好才是。但一個不對的人，會讓妳的一切都越變越差，以愛爲名的牢籠很像毒品；當妳上癮了，妳就必須不斷的被限制、被禁錮，活在愛的牢籠，哪裡也走不了。更慘的是，妳會覺得這個監牢很像天堂，爲何別人不來當囚犯。

但是，一個愛妳的人，應該給妳的是一片天空，而不是一座牢籠。

以前曾聽到一句話：「好的愛情是會讓妳的世界越來越大，而不是讓妳的世界越變越

小。」當時的我，眞的感觸良多。

妳的身邊總有像這樣活在「以愛爲名」牢籠的女人，做到妳身爲朋友應該盡的良心建議和能力範圍內的幫助即可。妳能點醒她最好，如果不能的話，就讓她活在自己的「甜蜜又痛苦」的世界吧！總有一天她一定會自己打開牢門，但千萬不要因爲牢裡的女人影響妳自由人的生活與判斷力。畢竟，當她要拖累自己的人生時，妳不用拿自己的人生跟她一起下注。

有的女人，她們的眼界就這般大。牢裡的屋頂對她們來說就是世界的天空。

有的男人，格局就這麼小。能蓋一座牢就是他成就的象徵。

別跟小心眼與小格局的人計較，要做一個眼界更寬廣、世界更大的人。愛一個能讓妳的人生更寬廣的男人，千萬不要愛一個會阻礙妳前途的男人。

如果他愛妳，他不會處處限制妳，他會第一個支持妳！

無法開口說分手的人

對很多人來說，主動開口說分手是一件很難的事。

最近聽到身邊幾個分手的故事，我發現，越來越多人連說一句「再見」都開不了口，寧可人間蒸發、避不見面、冷戰、拖著擺爛，也不願意主動開口提分手。

於是，現在定義分手的方式往往來自於「失聯超過一週形同分手」「三天不回電話不回簡訊等同於分手」「明明沒事卻兩週不約會不見面不上床形同感情失效」「冷戰超過一天對方卻不打電話來就單方面宣告分手」「兩人開始各玩各的再也不一起出來大概等於分手」……於是越來越多人不敢面對面說分手，拜科技發達之賜，總是聽到許多人用MSN、手機簡訊、網路留言板提分手。

更多人是看到八卦新聞、對方Blog、網路相簿、交友網站或其他人的相簿、他的MSN暱稱，甚至聽到路人甲告訴他對方已經宣告單身，才知道自己已經「被分手」了。甚至很多人是看到自己的男（女）友交了新的男（女）友、劈腿了，他的新男（女）友問他：「請問

你是誰？」之後，才恍然大悟兩人已經game over。

而那些「不敢開口提分手」的人，往往都是因為不想當壞人、不想傷害對方、不想成為負心漢、不想不負責任，他們覺得自己即使不愛對方了，也不忍心馬上離開傷害對方，寧可拖著，等到一個「好時機」，或甚至讓對方主動來提分手。

他們只是不想當壞人，卻往往傷害了最多的人。

許多人非常氣憤這樣的人，他們無法忍受為什麼對方想分手卻又不肯說，白白浪費他的時間、寶貴的青春，為什麼分手不肯好好談，寧可用逃避的方式讓對方受不了後主動求去？我有個朋友就是遇到這樣的男人，他在吵架之後不接電話不回簡訊MSN不上線的人間蒸發了兩個星期，最後我朋友受不了傳簡訊給他：「我們是不是要好好談談？」他回：「我們沒什麼好談了。」

「連說一句分手都不願意的男人，有夠沒擔當！」其他朋友忿忿不平的說著。

「或許，就是有很多人只知道進場但不知道如何離場吧。」這讓我想到「慾望城市」裡有一幕最糟的分手方式，留一張3M便利貼說分手。還有更糟的，他要結婚了，可是新娘不是妳。我想這是史上最糟的分手方式。

的確，「離開」是愛情裡最難的一個課題，很多人知道怎麼去愛，卻不知道怎麼優雅離去，好好說句「Goodbye」。或許，好聚好散本來就不是一件容易的事吧。

我曾經也是這樣的人，我是一個不知道如何「離開」、不知道如何說再見的人。即使感情

已經出問題，即使已經不愛對方了，即使我知道他劈腿了，即使在當下已經不得不分手了，我仍然開不了口，不知道如何開口說出那一句：「我們分手吧！」

但是回想過去，難免會後悔其實在當初某些時間點就應該分手離去，對兩個人更好，這樣分手也不會難堪。但是人往往都是拖著，等到不得不開口了，才用最難堪的方式分開。「好聚」很容易，「好散」卻需要更大的智慧。

我們總覺得「開口說分手的人」需要承擔比較多的包袱和異議，我們總是認爲「主動離去」的人一定是對感情不忠誠、一定是辜負對方的人、也一定是傷害別人比較深的傢伙；但是，不開口說分手只是爲了不想當壞人，就眞的是對對方比較好，就眞的是好人嗎？

我不認爲。

如果你明知道你不能再和對方走下去，你們沒有共同的未來，你從來不打算跟對方有未來，甚至，你會拖累他、耽誤他的現在及未來，那麼，你能越早離開他，越是一種仁慈。

愛情不是拿來綁架對方的工具，也不是你拿來綁架自己的理由。

那些滿口說著多愛你的人，卻往往傷害你最深。

那些永遠對愛不滿足的人，他們眞的很愛你，但是他們需要的愛不只有你。那些不讓你離去的人，往往不是多愛你，而是他們不想失去你。那些不願離開你的人，不是他愛你有多深，只是他們愛自己更多。他們不敢承擔任何「失去」的風險，所以他們寧可把所有可能的愛都抱在身邊。

而你眞的相信，那些愛，眞的值得你花多少的時間等待，直到有一天你失去了，你才知道你從不曾眞正擁有過。他只是，不敢跟你開口。

有個剛分手的朋友聽到了這一些故事，他很慶幸的說：「還好他先跟我提分手。因爲，他若不跟我提，我也開不了口。」

原來，我們要感謝那些願意先開口說分手的人。愛情裡沒有絕對的對錯與好人壞人，有時候，我們反而更需要的是「不願當好人的勇氣」。

因爲有一天，你會謝謝過去的他辜負了你、他離開了你，你現在才能這麼幸福快樂。

最後講到分手，因爲不管你遇到多糟糕的人，如果不敢提分手、不敢開口、沒有勇氣離開爛人，你還是會一直鬼打牆浪費光陰跟一個不對的人浪費你的人生。

當然，我們人生中往往也要感謝那些「不對的人」，那是必要的經歷，讓我們不斷的在愛情裡學習、成長，去發掘我們眞正需要的。但是經歷了那些不愉快的過程後，就要勇敢的離開，往自己人生的下一步邁進，而不是一直停滯不前，不斷的犯著同樣的錯誤，繼續在錯誤中誤了自己的一生。

我們應該感謝那些人，他沒有傷害你，你今天不會這麼堅強勇敢，你之後也不會遇到眞正對你好的另一半。感謝他離開了你，即使那樣的過程令你傷痛不已，但請相信這是對你好的結局，如果他不離開你，你無法離開他，你們還是一樣瞎耗著時間不快樂，你只是延長了

自己「鬼遮眼」的時間。

勇敢開口說分手，不要害怕自己成了「壞人」，而變成對自己最壞的人。

請千萬不要愛上一個「無法說不」的男人，不懂拒絕、不懂割捨，只想當一個對每個人都好的男人。如果他想當好人好事代表，想要替女性服務，就讓他去吧！我們無法花那麼多時間去教育一個男人這些做人處事、尊重女友的基本道理。

如果他總是無法拒絕，至少，我們可以拒絕他！

Part 6

存款簿比男人可靠，女人一定要有錢！

要找飯票，說不定會跳票，
擁有自己的飯票，才是最有保障的事。
男人可以越老越有身價，
女人只要努力投資自己，也可以越老越有身價！
女人要有錢，敗犬更一定要有錢！

敗犬一定要有錢！

過去的女人一生的成敗可能就是嫁得好不好，不只要找到好老公，也一定要找到好飯票才是保障。但現在不一樣了，找到飯票不一定可以養妳一輩子，更多飯票還會不小心跳票。

日前當紅偶像劇「敗犬女王」播出後，引起台灣各處熱烈討論「敗犬」的話題……這個多年前在日本流行的話題現在也轉移到了台灣。許多人看到我都說：「敗犬女王好像是妳喔！」沒想到「女王」這詞受歡迎，我也與有榮焉。老實說我並沒有看這部戲，隨著大家熱烈討論，我也漸漸知道劇情故事。沒想到劇中也探討起姊弟戀的情節，於是姊弟戀和敗犬，成了現在流行與討論的話題，我也常被問到身爲一位標準敗犬的的心情分享。

還記得大約兩年前我第一次看到《敗犬的遠吠》這本日文翻譯書，那時看到把未婚的女生稱爲敗犬，已婚的女生稱爲勝犬，我還氣憤不已。隨著自己的成長，過了兩年後我也從20幾歲的女生邁向了3字頭的熟女，回頭看到敗犬這個名詞，反而有另一種不同的看法。現在

一點也不會因爲未婚被稱爲敗犬而生氣，反而很開心的想大聲說：「我是敗犬！」

我想每個女生都曾在20幾歲時作著結婚夢，希望自己不要太晚婚或嫁不出去，於是期許自己在幾歲以前結婚反而成了巨大的壓力。我曾經也有這種「想婚」的經歷，但是到了30歲的想法變得不一樣了，身邊的朋友陸陸續續結婚，喜酒吃不完、紅包包不完，看看別人的婚姻生活，我突然覺得其實單身的生活也很不錯。

過去的女人一生的成敗可能就是嫁得好不好，不只要找到好老公，也一定要找到好飯票才是保障。但現在不一樣了，現在的外遇、離婚率高，結了婚不代表能保障一輩子的幸福，女人大多數婚後也要繼續工作，找到飯票不一定可以養妳一輩子，更多飯票還會不小心跳票。

所以女人寧可自己有錢、有工作，也一定要會理財，才能確保後半輩子無憂無慮。找到飯票，不如擁有自己的飯票。

現在的女人樂於工作，事業上有成就，比起過去更獨立自主，晚婚的女人越來越多。前陣子看到30~35歲未婚女性占了42%之高的統計，不一定要結婚也能過得自在快樂的女人也不少；但是最重要的一點就是，敗犬要有自信，過得開心，一定要有錢。

我覺得，女人越有錢，越不用靠男人，對婚姻的依賴性也就會降低，自主性與自由意識也變高。以前的女人聽到男人說：「妳不用工作，嫁給我，讓我養妳吧！」時，會很開心；現在的女人反而會擔心男人養不養得起自己。對於婚姻和金錢上的不安全感，讓許多女人寧

可單身自己賺自己花，也不一定要急著踏入婚姻。

敗犬要有錢，因爲女人有錢可以擁有自己的房子、車子，可以出國旅遊、購物犒賞自己，花錢美容保養自己，可以常和朋友聚餐、擴展自己的生活圈，可以充電進修、投資自己，可以擁有很多自己的時間，也擁有屬於自己可以規劃使用的金錢，敗犬在這一點其實享了很大的福利。

我認識許多優秀的敗犬，她們不只漂亮又會賺錢，也很懂得投資、理財，現在的女生知道要好好管理自己的錢，懂得學習、充實相關知識。我參加許多理財的講座和課程，發現在場的女生有時比男生還多。女人有錢、有事業，會管理自己的錢，這種女人往往活得比較有自信。

敗犬不代表就不會步入婚姻，只是樂於當敗犬的女生更希望能在婚姻之外找到更多實現自己價值的事。女人不一定要依靠婚姻才能讓人生完整，而是讓自己成爲一個更完整的人。

當一個「優質敗犬」，才能遇到更優質的對象，未來才能當一個名符其實的「勝犬」。

現在的我，很樂於享受我的敗犬生活，我努力工作、認眞生活、用力玩樂，把我想做的事、想完成的夢想都努力的趁現在未婚的時候完成。我談戀愛，但是我不希望現在就要結婚，因爲我很樂在我的生活，也很享受現在的人生。

我不認爲婚姻就是愛情的終點或幸福的證書，我也不認同女人的價值只是在已婚、未婚上，女人的價值應該是屬於自己的，自己創造的。不管已婚還是未婚，女人都要有屬於自己

的錢，以及懂得管理自己的錢。

要找飯票，說不定會跳票，擁有自己的飯票，才是最有保障的事。

男人可以越老越有身價，爲何我們女人不能讓自己越老越正、越老越聰明、越老越有身價呢?!只要努力投資自己，敗犬也可以越老越有身價！

女人要有錢，敗犬更一定要有錢！

男人不能窮，女人不能有錢？

《有錢人想的和你不一樣》一書作者T. Harv Eker寫道：「討厭有錢人的人，絕對不可能變成有錢人，因為他不可能成為他討厭的那一種人。」

我有個女性朋友告訴我她的男友跟她爲了錢的事情吵架。

我們很好奇的問了是什麼情況，她說，有一次不小心跟男友聊到自己的薪水，男友居然大發雷霆：「原來妳賺這麼多，那麼我就不用請妳吃飯了。」我朋友聽了啞口無言。於是那個晚上，她負氣的付了兩人晚餐的錢。

原來，她男友一直不知道自己的女友賺的薪水比自己高，他一時不能接受，一直以爲自己賺的比較多，但沒想到，女友忍著不跟他講自己的薪水，只是怕男友的自尊心受傷。一說到男女朋友薪水的話題，朋友七嘴八舌的討論起來。

A說：「女人本來就不應該讓男友知道自己的眞正收入，就算賺多也要報少，這樣男人才會照顧妳。更何況，哪個男人可以接受自己的女友比他能力強、會賺錢？」

B說：「可是這樣很奇怪，如果我們明明有能力賺錢，爲什麼還要爲了男人的面子假裝自己需要他的錢或需要他幫我們付錢？」

C說：「畢竟男人都有一種害怕被當做吃軟飯的心態，而且他們又喜歡裝闊，他們怕別人覺得自己窮，又怕女友覺得自己不罩。而且男人很奇怪，他們付不起、請不起都無所謂，但是女友花自己的錢他們又愛管東管西，錢是我賺的，我想買什麼東西他憑什麼管？他只是覺得我的消費能力超過他的水準，他怕負擔不起，但從頭到尾我都沒有要他負擔啊！」

D說：「這年頭有錢的女生很辛苦，我要找到比我有錢的男人不容易，但是眞的愛上了比我窮的男人，我情願在他身上投資、在他的工作和生活上助一臂之力。但他們最後往往留下一句『我配不上妳』就離開，然後找一個更需要他接濟的女人在一起。」

E說：「所以我絕對不會讓我男友知道我的薪水收入有多少，我以前就交過一個男友，一開始他不知道我的收入時都會買禮物給我，某天不小心讓他知道我賺的不比他少，他就不再買禮物給我了，因爲他覺得我也消費得起。妳看有多悶！」

我不懂，除了眞的吃軟飯的男人之外，難道沒有一個男人眞心欣賞有錢的女人而不會覺得有損自己的自信心嗎？如果有一天女人的優秀變成了自己的包袱，我很想知道，到底是男人還在原地踏步，還是女人進步太快？爲什麼很多優秀的、有錢的女人必須要試著隱藏自己的能力，才能獲得愛情；爲什麼許多男人不會眞心的替女友的成就驕傲，他們只在乎女人的光芒會不會蓋住自己，而不是眞心的願意分享她的成就。

我問了幾個男性朋友：「如果你的女友工作能力比你強，比你會賺錢，甚至她是名女人、比你受歡迎、比你有成就、比你有錢，你會怎麼想？」

他們都說：「這種女人我會非常欣賞，能跟這樣的女人在一起一定很開心、很驕傲。但是，我會有壓力……」

「什麼壓力？」

「那是一種怕自己比她差的壓力。」

我不懂，爲什麼男人怕比女友差，卻沒幾個女人怕男友比自己強，難道男強女弱永遠是天經地義嗎？但是如果現在的女生更有能力照顧自己的生活，甚至能照顧男友的生活，那豈不是很美好的事嗎？

就像我朋友曾語重心長的說：「唉，這年頭，男人不能窮，女人也不能太有錢。」

我聽了很替有錢的女人感到不平。有錢的男人在這個社會總是最吃香的，過去的他們可以三妻四妾，可以名正言順的去風化場所風花雪月，如果不顧家也可以說是爲了事業衝刺，他身邊可以理所當然的有許多爲了錢接近他的女人，當然包括年紀可以當他女兒的女人。大家都會說，這就是社會的常態，有錢不是他的錯。

但是，一旦有錢的女人婚姻不美滿、爲了事業衝刺所以沒顧到家、也沒去風化場所不過只是跟朋友出去小酌、沒有劈腿成性也不過多談幾場戀愛交過幾個男朋友，身邊理所當然的也會有不少爲了她的錢接近她的男人，當然也包括年紀可以當她兒子的男人。如果更不巧的

她年紀大又未婚，大家卻會笑說，你看，女人有錢不代表她就能幸福快樂。

但是，到底誰才是眞的幸福，誰才是眞的快樂？

如果一個女人必須要裝窮才能幸福，一個女人必須花男人的錢才會快樂，那麼我認爲無論她能花的錢有多少，她才是眞正貧窮的人。

而一個男人如果格局小到只能接受妳比他差，那麼，我不覺得這個男人是眞正的富有，而且能永遠富裕。

若爲了格局小的男人把自己的眼界、世界都變小，那才是最笨的女人。

如同《有錢人想的和你不一樣》一書作者**T. Harv Eker**寫道：「討厭有錢人的人，絕對不可能變成有錢人，因爲他不可能成爲他討厭的那一種人。」

那麼，討厭有錢女人的男人，也絕對不可能變成有錢人，因爲，他也不可能喜歡上他討厭的那一種人。

我不是千金小姐

這年頭，不止女人要找金龜婿，男人也要挑金礦女。翻開報紙雜誌，現在最紅的不再是明星藝人，而是某某千金。就像我們總是搞不懂那些自稱小開的到底在開什麼，甚至有個玩笑說：「只要家裡有營利事業登記證就可以稱之為小開。」那麼千金女，就是小開之後最新流行的偶像團體。

這年頭，千金大小姐很受歡迎。

跟男生朋友聊天，他說身邊小開朋友總是努力介紹、撮合女生給他認識，那些女生都是某某某的女兒、某上市公司的千金、政治人物的女兒、某企業家第二代……而身邊長輩總是以某女生家世條件很好來替他安排相親，當然，相親對象也不外乎是以上這些：「只知道她爸媽是誰，但是她叫什麼名字一點也不重要的女生。」他說，他的朋友，交男女朋友都是以門當戶對爲前提。

我問：「既然某某某的女兒條件這麼好，不只少奮鬥30年，要少奮鬥三輩子都沒問題。爲

什麼他不留著自己用，還要介紹給你？」

「大概是長得不好看吧。」男生朋友誠實的說。

這讓我想起一個故事，有個男生朋友交往了一位某企業家第二代的女兒，雖然他們很相愛，女生也爲了男生開始吃路邊攤、不穿名牌套裝，他工作上也很爭氣，在電子公司當業務主管年薪最少也有幾百萬；但是後來女友在家庭壓力下與他分手，嫁給一個月收入幾百萬的田橋仔。

有個女生愛上了有錢有勢大家庭的男友，男友的媽媽要求他非家裡有錢的、非台大畢業的女生不許娶。後來這個女生發憤圖強考上台大研究所，他媽媽雖然試著接受她，可是私底下安排介紹學歷不高但家裡有錢的女生給他兒子認識，女生難過的問：「你媽不是說學歷很重要嗎？」原來這是誤會一場，他媽並沒有眞的把學歷看得很重要。

另一個男生朋友，總是跟我抱怨他常被安排了吃不完的相親飯局，一下不是誰要介紹哪個大小姐給他認識，一下就是誰要介紹政治人物的女兒給他認識；加上他本身條件也很好，所以總是推不掉那些數不清的飯局，甚至可以一天吃兩頓相親飯。他老是抱怨那些大小姐他沒一個看得上眼。

有一天，他好久沒跟我見面，但因爲他飯局排太滿，所以我們只能約午餐前，隨意約在麥當勞吃我最喜歡的早餐，他邊吃著漢堡邊嘆氣：「女王對不起，這是我最近跟女生約會吃得最便宜的一餐，希望妳不要嫌棄。」

「不好意思，我不是在跟你約會，而且，我本來就很喜歡吃麥當勞早餐。」我白了他一眼，然後大剌剌的伸了懶腰，繼續翻我的蘋果日報。

他說：「女王，我是說眞的。我好久沒有吃飯這麼自在隨意又不用一直想話題、怕女生不盡興，我也不用明知道對方裝淑女，還要配合演紳士。更不用怕不禮貌點太多菜、吃太多，只是因爲那些女生永遠吃得比小鳥還少。」說完，他滿嘴塞下半個漢堡，露出如同參加完飢餓三十後的飢渴表情。

我同情的看著他，原來，相親達人也是有疲憊的一天。他說，他不能選擇他的人生，他可以吃速食店，但他不能跟平民料理結婚。當然，他永遠都不可能有自在的人生。

這年頭，不止女人要找金龜婿，男人也要挑金礦女。

翻開報紙雜誌，現在最紅的不再是明星藝人，而是某某千金。就像我們總是搞不懂那些自稱小開的到底在開什麼，甚至有個玩笑說：「只要家裡有營利事業登記證就可以稱之爲小開。」那麼千金女，就是小開之後最新流行的偶像團體，而且，更加賞心悅目。

當然，有許多優秀又努力的千金女令人欣賞。但是，大部分我們所聽到那些誰的女兒、誰的兒子，都沒有人記得他們的名字。他們總是說：「我介紹某某某的小孩給你、某某企業的第二代給你……」但是除了某某某，沒有人管她是誰！

就算他們一輩子只是nobody，那也無妨，她們結婚前是某某某的女兒，結婚後是某某某的老婆，就算她的老公有了小老婆，她死不離婚的原因，只是因爲如果她不是某某某的夫

人，就沒有人知道她是哪個人。

她沒有名字，她只想當某某的女兒，以及某某的老婆。

有些人總是喜歡我介紹「誰誰誰是我爸」「我是哪個企業小開」，我非常討厭這種人，我今天是認識你，不是要認識你爸，也不是想認識你家企業，更不是因爲你爸或你家是什麼，就會愛上你。

或許這種男人覺得自己很吃香，就像我聽到一個女生哭訴男友跟她分手時說了一句很難聽的話：「我覺得妳只是愛上我的錢，像妳這種女生，我到room18隨便都可以認識好幾個。」

呸！那你就去多認識幾個愛上你錢的女生。

至於那些永遠只看得到錢，又很怕別人看上他的錢的勢利鬼，我會這樣告訴他：「很抱歉，我不是誰的女兒，不是誰家千金、更不是誰家公主……但至少我不是一個沒有了錢，就什麼也不是的女人。」

很多人想當千金公主，如果妳沒有那個命也不用氣餒。至少我們擁有了許多千金所不能擁有的東西。我們可以用自己的能力、做自己想做的事，和找到一個我們自己想愛的對象。

不用羨慕那些天生好命的人，天生好命是運氣，能讓自己變得好命是後天的福氣。

男友給的零用錢

有一次去上一個談話性節目通告，主持人問全場的女性：「如果妳的男友願意給妳每個月20萬，只要妳不工作待在家，願意的請舉手！」沒想到，全場只有我沒有舉手。

前一陣子，有一個久未謀面的女性朋友約我一起去逛街……

自從她交了新男友整個人變得更美、也更懂得打扮，那天她興奮的拉著我逛了好幾家名牌精品專櫃，試了很多件衣服、也看上了很多配件，但當我在刷卡結帳的時候，她卻把剛剛挑中意的衣服都交給專櫃小姐，跟她說：「請幫我保留，我過兩天再過來結帳。」

我好奇的問她：「妳是不是忘了帶信用卡，還是妳根本就不打算買？」

她在離開店家的時候偷偷跟我說：「不是啦，這週末我再帶我男友來買就好了？」

「什麼意思？」我一頭霧水。

「我逛街的時候看到喜歡的東西，我男友都會買給我！難道妳跟男友逛街他不會自動幫妳買單嗎？」她用天真無邪又理所當然的神情對我丟了個問號。

「不會啊，我想買的東西還是我自己付錢啊。」那是我自己要買的東西，又不是他的。

「可是這又沒多少錢！」

「既然沒多少錢，爲何要男友幫我付錢？」

「既然沒多少錢，爲何男友不能幫妳付錢？」

我們兩個很有默契的幾乎在同時一起講了這兩句話，然後相視大笑……

原來，我們兩個有不一樣的想法：既然沒多少錢，要或不要男友幫妳付錢？

後來我才知道，原來她男友固定每個月給她零用錢，一開始是因爲她失業，後來她有了工作也不間斷，所以她一直認爲男友支持她的生活所需和開銷是理所當然的。甚至她想去學開車、學跳舞、去補習、計畫出國遊學，這些費用都是男友幫她出的。我除了睜大嘴巴瞪大眼睛的感嘆：「一個台灣兩個世界」「難道她才是地球人，其實我是火星人」之外，也開始懷疑這到底是我的問題，還是她的問題？

記得前陣子去上一個談話性節目通告，主持人有設定一個問題問全場女性來賓：「如果妳的男友願意給妳每個月20萬，只要妳不工作待在家，願意的請舉手！」沒想到，全場的女生只有我沒舉手。

她們很開心的說：「一個月有20萬太好了！」「我上班也賺不到20萬，不如待在家，反正我本來就不想工作。」「有錢拿，我何必去工作？」……可是我心裡卻想著：「要我什麼都不做去領這個錢，我可能會因爲人生太過無趣而得憂鬱症！20萬就想把我綁在家裡？我眞的沒

這種米蟲的好命。」

於是我發現，不只一個台灣兩個世界，我是火星人不是地球人……而這個世界上有很多女人，她們願意拿男人給的錢，願意放棄原本的生活、事業、理想去陪伴一個男人，她們的世界只有男友即使沒朋友也無所謂，她們希望一輩子都躲在男友的羽翼下，她們覺得這眞是全天下最幸福的一件事！

我眞的很想知道：「如果有一天妳的男友跑了，沒有人願意給妳零用錢了，妳該怎麼辦？」

我也聽過有些朋友的例子，眞的有許多男人是會拿錢給女友用的，有出錢給女友出國玩的、有幫女友付卡債的、有資助女友出國念書的，甚至一個月會給女友幾萬塊零用錢的大有人在。

我的觀念是，男女朋友交往，請客、送禮都很正常，但是直接拿錢我眞的覺得不妥。第一，兩人又沒有結婚名不正言不順，我一定會連想到「包養」。如果只是正常的男女交往，男友去「養」女友似乎有點越界。第二，這樣的金錢關係會不會讓很多女生誤以爲，男女交往中男生必須要負擔所有費用，難道大家不會害怕拿人手短，將來你們鬧得不愉快了，他不再給妳金錢援助，甚至要妳還給他、跟妳翻臉，妳該怎麼辦？

或許是我想太多了，也或許是我太有志氣了一點。我朋友總笑說像我這樣「自以爲有志氣」的女生就會過得比較辛苦。

是啊，我不會要男人給我錢花用，我還常常與他一起分擔費用，我覺得既然我自己出得

起的錢、買得起的東西，我從來也沒想過跟男人開口要過。當然人都會貪心的，如果有不勞而獲的錢爲何不拿？但是說眞的，要我拿男人給的錢去買東西，和用我自己的錢去買，那感受眞的不一樣。我喜歡用我自己賺的錢去購物，因爲我很開心，我有能力負擔我的開銷，我有能力享受我的生活，我覺得用我自己的錢去買的東西，就是和拿到別人給的禮物不一樣。我還是比較喜歡用自己的錢來得心安理得、開心自在又沒有負擔。

於是很多朋友都笑說：「妳就是天生勞碌命！」勞碌命又怎樣？但是我的工作成就和忙碌生活也讓我更有自信，每個人都說我事業越旺越漂亮，我相信那樣的自信是給我多少錢也換不到的。

我認爲，有本事賺到20萬的女人，絕對比向男人拿到20萬的女人還美麗。

我願意與我愛的人分享我的一切，我能夠付出，不是因爲富足，而是因爲我的心靈很富有！當然我相信每個人都有不同的命，不用去羨慕別人，與其希望拿到男人給妳的錢，不如期許自己也有賺到那筆錢的能力，那才是妳自己眞正擁有、不會跑掉、不需要倚賴他人……屬於妳一生的寶藏。我相信金錢可以買到太多東西，甚至太多快樂，但是妳擁有能讓自己變快樂的能力，是來自妳自己，而不是別人，那是妳自己得來的，而不是男人給妳的。

我常不諱言自己跟交往過的男友說：「我很愛錢，但是我愛自己的錢，更勝過你的錢！」因爲我捨得我的錢，捨不得你的錢。

女人要有錢，第一件事就是不要拿男友的錢！

豪門媳婦眞幸福？

如果給我愛瑪仕包包、兩克拉鑽戒和隨時來接送的黑頭車，我真的會過得比較快樂嗎？嫁入豪門，不如嫁給好門。女人嫁得好，是好命、是真的幸福。但我更希望在嫁得好之外，我能努力讓自己過得好！

媒體最喜歡報導「嫁入豪門」的新聞，許多女生更以嫁入豪門當做自己的夢想。但，首先，我必須要說，「豪門」這兩個字的光環真是害死不少人。

第一，有這光環的豪門未必很「豪」，不過，倒是可以騙倒不少人。

第二，有這光環加持的人未必過得比一般人開心，甚至他們唯一值得開心的只是那個光環。

第三，豪門不等於「好門」，現在很流行的是：「與其嫁入豪門，不如嫁給好門。」

第四，最慘的是，就算你只有豪門之名而沒有豪門之實，你還是要打腫臉充胖子。最後，第五，除了豪門光環之外沒有其他長才的人，通常覺得別人都是配不上他的下等人。

雖然，許多人想嫁入豪門，媒體總是報導誰是豪門。但是，我最欽佩的一位靠自己事業有成的有錢女藝人，媒體問她：「妳想不想嫁入豪門？」

她回答：「爲什麼要嫁入豪門？我自己就是豪門！」

好屌！我超欣賞她。

不過呢，現實世界還是很多人羨慕那些嫁入豪門的女生，連報章雜誌隨時都會更新最新名媛新面孔、最新豪門媳婦情報。於是我那嫁入豪門的朋友也成爲許多人欣羨的對象，每次出門除了閃亮亮的鑽戒重到手指都抬不起來，全身行頭每次都讓大家玩起估價遊戲，每個人都說她命好，平凡上班族瞬間變成大家口中的貴婦。

說眞的我也因爲太忙碌，很久沒跟她碰面，前陣子這位「嫁入豪門」的朋友找我出來喝東西聊聊天，跟我說了很多豪門媳婦背後的故事……

一到餐廳坐下來，她說：「看到妳眞開心，我終於可以說實話了。我已經受不了每天故做姿態講一堆社交話的日子，突然好懷念可以在朋友面前罵髒話講眞話的日子！果然名媛是一條很難的路線。」

「不會啦！妳看妳現在也過得不錯啊，拜託外面有多少人羨慕妳啊，人不要不知足了啦！」

「唉唷，我眞的是結婚後才知道原來婚姻生活跟我想的不一樣啊！拜託我跟他交往才三個月就熱戀結婚，當時什麼都很美好啊！每個人都說嫁給他有多好，剛好我工作也很累遇到瓶

頸，想到可以辭掉工作有人養我多好，看到鑽戒眼淚都飆出來了，就這樣答應了求婚。」

「不過，妳男友……喔不！是妳老公也眞的對妳很好啊！他很愛妳的，不要不知足啦！」

我推了她一把。

「我很知足啊，老公有錢對我又好，我沒什麼好說嘴的。只是進了他家門才知道什麼叫做豪門深似海啊，那時候他要我把工作辭掉跟他結婚，我多開心，畢竟這也是許多女生的夢想啊。可是現在結婚半年後我又好想出來工作。」

「爲什麼？」

「妳知道嗎？賺錢雖然辛苦，但是有自己的錢感覺就是不一樣。對啊，我老公很好會給我零用錢，但是我不敢亂花，怕他家人會覺得我太奢侈。以前工作辛苦歸辛苦，我高興的時候去刷一個包包，就算這個月只能吃泡麵我也爽，至少錢是自己的，負債也是自己的。」

「那妳現在不是也很多名牌嗎？妳看，這個、這個……」我比一比她手上的手錶、身上的包包。

「唉唷，這都是拿出來充場面的啦。妳以爲名媛眞的都花很兇嗎？並不是耶，像是那個很有名的名媛，她買名牌包都是用娘家的錢，不是老公的錢喔！」

「眞的還假的！」

「不過，我婆婆又說什麼公關公司的工作不是好工作，又要加班又要一天到晚辦活動，不是朝九晚五的穩定工作。天曉得我要怎麼跟她解釋什麼是『公關』啊？算了，反正她一輩

子也沒工作過，不知道什麼叫做加班，爲什麼要做沒有自由的工作。所以我又不能回公關公司上班了，反正他們家的人說，女人不用出去拋頭露面工作，好好待在家裡或幫老公工作就好，何必太有企圖心，不然又要被說不顧家之類的……」

「也是有很多名媛在工作的啊！」

「吼，妳覺得那眞的是工作嗎？當空降部隊不是眞的工作，做慈善公益也不是眞的工作啦！所以我現在只好跟創業的老公一起工作，每天一起去上班，不然沒生小孩也沒正當理由待在家裡。」

「那很好啊！這也是一個工作嘛！」

「但是又沒有薪水可以領。而且我老公說怕人家以爲少奶奶就可以遲到，所以我每天八點前要到公司，說眞的我去也不知道能做什麼，只有中午陪老公應酬。眞的很懷念以前在公關公司的日子，雖然操得要死，很想罵髒話。但至少工作很有成就感，而且知道自己在做什麼。唉，不過唯一的好處就是不用加班啦，我老公說我每天五點一定要下班回家陪公婆吃飯，而且還要跟傭人學煮飯，陪公婆吃完完還要陪我婆婆看八點檔鄉土劇。最不爽的就是我老公可以去應酬跟朋友吃飯，我就要回家陪公婆。難得我要跟朋友約還要上簽呈，唉！好懷念以前的單身時光啊！」

「是喔，不過妳公婆也很疼妳啊！你們家也沒啥婆媳問題啊！」

「拜託，我是作公關的，搞定老人家比搞定那些國際精品客戶容易多了，反正看鄉土劇也

是我的嗜好嘛！不過我好希望可以搬出來住喔，我老公又說他是獨子不能搬出來。想當初他要追我的時候還騙我說，搬出來住沒問題！妳知道我現在每天在家都不能走宅女路線，七點起床下樓吃早餐就要穿戴整齊，超想念以前頭上夾著鯊魚夾、不穿內衣只穿睡衣的宅女生活……」

「不過看來妳只要認命一點，其實還是很幸福的吧！妳老公給妳的零用錢也不少，妳看妳這個愛瑪仕包包我可是工作了那麼久還買不起耶！」我又用了「人要知足」這四個字來敲醒她。

「唉，還是拿人手短啊，我現在也沒辦法拿錢回家給我爸媽，因爲我不好意思跟我老公要錢養我父母。女王，妳眞的要寫文章告訴年輕女生，婚前一定要記得存錢，很多女生跟我一樣，只是把工作當做畢業後、結婚前的過渡階段，從沒有認眞工作也沒企圖心，更別說存錢理財。我以前賺的錢全都拿去買名牌，只想著找到好老公我就可以給他養。結果呢，現在沒有存款，只能偷偷從他給的零用錢存私房錢，想買什麼貴的東西都要問他；連我想跟朋友去香港三天兩夜，也要跟他請款。唉！好懷念以前雖然賺不多但是至少可以隨意花的日子。而且老實說，他也是領他爸的薪水，我要跟他請款，他還要跟他爸請款，很多有錢人都是這樣生活的。」

「所以我覺得一個男人有能力比家境好重要耶！難道要一輩子請款過日子嗎？而且，沒有能力工作只能靠家裡庇蔭的人，如果哪天他家捲入什麼案子，一下子錢也沒了、不幸還要替

家醜坐牢；或者他沒能力獨自在社會上生存，那不是太沒有保障了嗎？」我眞是個務實的魔羯座。

「唉，妳說得沒錯啊！不過要是有能力或家境好的男生二選一，我想大部分的女生還是會挑家境好的吧，至少也少奮鬥20年啊！」

「難怪這就是豪門受歡迎的原因。對了！妳有打算生小孩嗎？」

「不要提了，我結婚到現在半年了，每天都有人問我一樣的問題，每個月都要被他家人關心我的肚皮，誰叫他是獨子。從我結婚那一天起，我公婆就一直耳提面命要抱孫、要傳宗接代，而且最好第一胎就是男嬰。更慘的是，我只要跟我老公那群已婚朋友出去吃飯，他們的老婆就會帶一堆小孩來，然後一直聊小孩。但老實說，我對男人討論的時事話題還比較有興趣！」

「沒辦法，妳要習慣！有錢人都很愛生小孩的。」

「眞的耶，而且他們還誤以爲我跟我老公是奉子成婚，因爲一堆嫁入豪門都是走這個路線，拜託！我的小腹看起來有很大嗎？而且，他們老婆也紛紛跑來關心我什麼時候要生，還教我要怎樣才能生男的，講來講去我覺得我在這個家庭只剩下生產價值，其實我比較喜歡女兒啊！爲什麼一定要先生兒子！」

「沒辦法啦，妳要是生女兒，他們一定要妳生到兒子爲止。」

「唉，妳知道嗎？當初我結婚是爲了逃避工作，害怕自己變成敗犬。好啦！對不起，我

不是故意這麼講啦！但是沒想到結婚後，跟我想的不一樣。人家都說嫁入豪門多幸福、多幸福，我卻每天都夢到生兒子、生兒子。人家都說老公養妳多好命，但是我卻覺得有自己的錢該有多好。我現在也不能做我想做的工作，想買什麼貴重東西都要問老公，每天換不同包包又怕公婆覺得我奢侈，但那明明就是我自己以前買的。連跟姊妹想去時尚派對看一下，又要被唸這樣太高調……」

「喂，拜託！妳不要不知足了啦！妳老公很愛妳，妳公婆也疼妳，妳看，妳出門還有司機開黑頭車接送，妳還有什麼好抱怨的，妳又不像我們還要自己賺錢，每天搭捷運公車小黃！」

「吼，妳以爲有司機很好喔，司機是要掌握我每天的行蹤啦，我去了哪裡他都知道。」

「是喔……不過妳已經算很好命了啊！除去豪門的包袱外，妳老公也對妳很好、很愛妳，這才是最重要的！爲了他，妳就只好忍耐一下囉……」

「好啦！今天跟妳抱怨完，我的心情眞是非常舒爽，我要先離開趕去下一個地方了……」

「妳要去哪？」

「去中醫診所看那個很有名的醫師，去調身體生兒子啊！」

「好啦，這攤我請，妳先去生兒子吧！」

「那妳下星期有空嗎？」

「我要去曼谷耶，一個人去，好期待！」

「唉！我也好想去，算了，我們人妻沒有說走就走的命，嗚嗚……」

「沒辦法，戴兩克拉的鑽戒總是要付出點什麼代價的嘛！」

她拿著愛瑪仕包包，戴著鑽戒的手指在我面前揮了揮，跳上了門口的黑頭車。我坐在位子上，微笑的看著她離去。說實話，有些時候，我也跟一般的女人一樣很羨慕這樣的生活，衣食無虞、可以不用那麼辛苦的工作生活，而且還有疼愛自己的老公，但是，我今天才了解，每個人都有每個人的辛苦，即使我們總是看不到。

之前的我，總是不知足，而許多人也和我一樣，明明擁有了許多，卻總是不知足的羨慕別人所有的。但是，如果給我愛瑪仕包包、兩克拉的鑽戒和隨時可以接送的黑頭車，我眞的會過得比較快樂嗎？

對我來說，或許可以買一張機票、一個人說走就走的旅行，背著五分埔買的包包，穿著夾腳拖，即使在路邊吃著一碗30元的湯麵，我都覺得好快樂。

如果我愛上一個男人，即使我要靠自己買名牌、買鑽戒，要我當他的司機，我都甘之如飴。因爲愛，讓人懂得知足。因爲你懂得，你擁有的是無法交換、金錢買不到的東西。

我也深深認同，女人嫁得好，是好命、是眞的幸福。但我更希望在「嫁得好」之外，我能努力的讓自己「過得好」；如果不幸有一天我嫁得不好，至少我還是能努力讓自己過得好。與其把幸福寄託在別人身上，我倒希望自己有讓自己快樂的能力！

我的朋友耳提面命：「女王，妳一定要跟妳的讀者說，女人要嫁的不是豪門，而是好門。」

還有，女人一定要有錢，一定要存錢，一定要有自己的錢！」

嫁入豪門，不如嫁給好門。

喜歡豪門，不如讓自己成爲豪門。捧著別人的飯碗，不如擁有自己的飯碗。

我希望有一天可以聽到更多的女人大聲說：「爲什麼要嫁入豪門？我就是豪門！」

貴婦病

童話故事告訴你「麻雀變鳳凰」的故事，可惜這只是童話故事，現實世界裡王子只會和公主結婚，麻雀還是麻雀，鳳凰還是鳳凰。

這年頭很多女生都得了一種病，她們整天幻想成為貴婦，誤認為自己可以變成貴婦，可稱之為新時代的疾病新名詞「貴婦病」。

如果你問這些女生：「什麼是貴婦？」她們會告訴你，貴婦就是結了婚什麼事情都不用做，不用上班賺錢做家事，每天睡到自然醒，每週固定去洗頭SPA按摩打牌，沒事到處喝下午茶吃高級餐廳。生活中最重要的事就是逛街和買名牌，出門有司機接送、傭人提東西、保母帶小孩。每天最大的煩惱就是還有什麼東西沒買到、還有什麼錢沒花到，還有什麼別人有的我沒搶到……

於是，你在念書的時候會看到有貴婦病的女生打工還負債刷卡、去酒店上班只為買名牌包，全身名牌而且只跟懂名牌的同學做朋友，她們交男友也只挑開名牌車的男生，沒車免

談，她們沒空跟你坐公車談戀愛。

你出社會發現那些貴婦病的女生不管做什麼工作，只要辛苦一點就覺得委屈，她們覺得自己是灰姑娘，有一天一定會有一個天上掉下來的小開用鈔票來拯救她的人生。

她們每天都會看八卦報紙雜誌的的名人版，她們對每個名媛如數家珍，名媛就是她的偶像，她copy她們的穿著打扮，買一樣的包包、化一樣的妝；她們覺得只要模仿名媛，有一天她也可以成爲展示衣服包包鞋子價格條碼的下一位名媛。

她們的最愛是小開，不管你開什麼，只要大家說那個人是小開，她們就問哪天有空一起吃飯。她們瞧不起沒有錢的男人，更確切的說，她們也瞧不起沒有家世顯赫、有錢爹娘的男人。她們會跟窮男友分手，只是因爲新男友可以送她Gucci包。

她們口頭禪就是：「我眞的很像貴婦！」「有誰比我像貴婦！」她們認眞的以爲用名牌裝扮得像貴婦，就可以像到骨子裡。但其實只有她身上的名牌很貴，而不是她看起來是貴婦。她們長得或許很正點，化起妝像孫芸芸，穿起衣服像蔡依林，可惜她們跟這些美女還有很大的距離。

她們最大的夢想就是麻雀變鳳凰，這些有貴婦病的女生通常不是天生有錢人家的千金大小姐，她們埋怨上帝爲什麼那麼不公平沒讓她生對人家，除了單身的小開之外，她們內心對任何有錢人充滿敵意。她們沒有錢，因爲她們不會賺錢又太會花錢。甚至她們覺得自己不必有錢、不必會賺錢，更不需要存錢，因爲她相信未來的老公一定會很有錢。

她們不愛工作，不愛做太辛苦的工作，因為她們覺得自己是貴婦，貴婦最好就是什麼事都不用做，你問她的人生夢想，她會跟你說：「我想當個家庭主婦。」她想當家庭主婦不是因為她很愛持家、很會顧家，喜歡做家事或是多愛帶小孩，她只是不想工作。所以她們心中的貴婦等於家庭主婦，而且是不用做家事的那一種。

但是你眞的以為貴婦的老公一定大方，婚姻一定幸福？可惜市面上貴婦名媛的老公，有的會包一小時要價上萬的KTV包廂，跟別的小美眉三貼玩親親；有的會在老婆懷孕的時候，開名車載model去夜店跳舞；有的會每週在私人招待所請一堆小牌女明星來當酒店公關玩；有了名媛加持，她們的老公身價水漲船高，這年頭多的是外頭的小美眉、小model、小明星願意一起跟你分享名媛的光環，說不定哪天也可以名媛換人當。於是你可以常常聽到她們跟你炫耀，哪裡有免錢的高級飯局，哪個小開正在追她，哪個男人請她吃上萬的晚餐，哪些追她的人送了她名牌禮物；她覺得只要男人花越多錢在她身上，就是越愛她。她是嬌嬌女、小公主，地球都該繞著她旋轉，男人都該繞著她打轉。

你覺得眞是受夠了這些女人，很想敲醒她們回到現實，她們眞的不美，而且橫看豎看都長得跟貴婦沾不上邊。就算你不會看面相，你也知道她們的氣質並不是提了一個名牌包就可以改造。她們只是有時候運氣好遇到有錢的男人，可惜這些男人不是有老婆有女友，不然就只是來跟她假約會眞上床。她們誤以為他有錢，但最後通常發現他只是個假小開一枚。

但是，麻雀還是努力的想成為鳳凰。甚至，她們打從心裡就覺得自己是鳳凰，她只是懷

才不遇、識人不明、遇人不淑，有一天白馬王子一定會抱著她的玻璃鞋跪下來讓她從灰姑娘變成眞正的公主。可惜這只是童話故事，現實世界裡王子只會和公主結婚，麻雀還是麻雀，鳳凰還是鳳凰。

但是，你身邊還是充滿罹患了貴婦病的女人。她們每天不斷的跟身旁的人編織她的夢想。如果你批評她，她會說你嫉妒她，如果你好心勸她，她會說是你不如她。她瞧不起你，你也看不起她。

你總是說：「眞想打醒那些患了貴婦病的女人！」「眞是受夠那些勢利的女人！」

沒有關係。

上帝很公平的是，大部分貴婦病嚴重的女人，最後不是愛上窮鬼，就是嫁給一個沒有出息的男人。

女人願意爲愛放棄事業？

愛情裡最浪漫的事，不是凡事犧牲，而是相互尊重。
如果妳在考慮是否為愛放棄理想事業時，或許該想想，為何不跟一個可以支持妳理想和事業的男人在一起？

過去常常聽到有些女人面對職場的壓力，忍不住感嘆，如果有男人願意跟她說：「請妳嫁給我，把工作辭了，讓我來照顧妳一輩子吧！」她一定會馬上答應。也常常在報章雜誌的明星採訪中聽到，許多女星說如果找到好老公，願意爲愛放棄名利和事業。比較起來，女人比男人更願意爲了愛情放下一切、遠走天涯，甚至放棄自己努力經營的事業。老實說，我倒是沒有聽過任何一個男人說：「我願意爲了愛情放棄我的事業。」

因爲傳統觀念的男主外女主內，而讓許多女人覺得爲愛放棄自己的理想、犧牲自己的生活或事業本就是理所當然。而有些女人即使進入了職場卻一點也不積極、沒有事業心，是因爲她們只把畢業後進入社會工作當做婚前的一個過渡階段；只要結婚了，工作可以隨時辭

掉，所以從來沒有把自己的職業生涯當做人生重要的一件事。甚至有的女人即使工作多年並沒有存到錢，不會理財，每個月當月光族把薪水都拿去買名牌，因爲她們理所當然的覺得，結婚前存錢置產、婚禮開銷，甚至未來的家用本來就應該是男人的責任。

但是，爲了愛情、婚姻放棄自己的理想事業，是一項很大的投資和賭注。如果能夠獲得幸福家庭，放棄一些也是値得的代價，那當然是最有價値的投資。可是，大多數人並不是那樣幸運，甚至在現在的社會中，只靠男人的薪資就要養活一家人並不容易，許多家庭還是要靠雙薪才能夠生存。女人能爲愛情放棄事業，並沒有想像中那樣的浪漫。

這讓我想到「慾望城市」影集最後一季，Carrie愛上了一位俄國藝術家，他希望帶Carrie一起到巴黎生活，於是Carrie很興奮的打算賣掉公寓、收拾行李爲愛走天涯。她的好友Charlotte像一般的小女生大喊：「好浪漫！」正當朋友都爲她開心，可以跟男友一同去巴黎生活時，她的另一位好友Miranda卻生氣的說：「妳要爲了他放棄妳在紐約的寫作事業？那妳以後要靠什麼生活？」難道爲愛走天涯，就要放棄自己的工作、朋友和所有的生活圈，這樣眞的好嗎？如果沒有收入怎麼辦？但是，Carrie很不開心，爲什麼自己的朋友不支持她的決定。

看到這一段，我不禁笑了，我覺得自己的個性很像Miranda，如果是我，我不會第一個想到：「哇！好浪漫！」而是先想到：「我該怎麼辦？」許多女人很浪漫的想要爲愛走天涯、爲愛放棄自己的一切；但是，現實生活往往告訴我們，再愛的情侶終會分手、爲錢反目，再

美好的婚禮也有可能離婚、破裂；當初爲了愛心甘情願的犧牲，到最後卻變成了不情不願、怨恨終生。

最後，Carrie和男友到了巴黎才發現一切並不是那麼浪漫美好，甚至還花了很大的功夫才買回自己的公寓。這才知道，她是多麼喜歡自己的工作，爲何對方卻一點也不重視它？

我也曾遇過類似的選擇，最後，我選擇了事業而不是愛情。但是，我一點也不後悔，因爲，我相信一位愛我的男人也應該愛我的一切，更應該尊重我的事業；而不是只會叫我放棄我的所有，才叫做愛、才稱爲浪漫。

愛情裡最浪漫的事，不是凡事犧牲，而是相互尊重。

如果妳在考慮是否爲愛放棄理想事業時，或許該想想，爲何不跟一個可以支持妳理想和事業的男人在一起？

或許妳該放棄的，不是理想、不是事業，而是男人。

Part 7

活到老，正到老！人生現在才開始！

相信自己可以成為一個「值得更好」的女生，
讓自己成為一個「值得愛」的女生，
妳就會遇到「值得」的另一半。
我曾是一顆石頭，到了30歲後，才找到自己的光芒。
祝福我自己30歲以後人生開始向前走，也祝福妳們！

妳要快樂

妳一直質問自己為什麼不快樂，但是為什麼妳不能讓自己快樂？妳的快樂都是向別人要來的。當別人不能給妳快樂了，妳就會一貧如洗。

前陣子去唱歌，我的好友唱到了張惠妹的「我要快樂」，跟我說：「妳記得兩年前我們唱這首歌的時候，我還大哭……」

「是嗎？」我不記得了。

我只知道她現在過得很好、很開心，我跟她一起笑笑的把這首歌唱完，在唱到「有些人離開了才不恨，不抱了才溫暖，我早應該割捨……」我們兩個相視而笑。那些曾經有過的不開心，就好像歌詞一般，在唱著唸著的過程，一段又一段的提醒了自己，然後在嘶吼、吶喊的歌聲中笑過、哭過、痛過，那些人、那些事，隨著時間的流動，經過了我們的生命。我有時疑惑，爲什麼我們時時刻刻要提醒著自己快樂？那是因爲我們多麼的不快樂。

我沒有跟妳說的是，其實在去年底的時候，我也常在車上放這一張CD，每當到了「我

要快樂」我就不斷的重播、重播，我常常聽著、唱著便偷偷的掉淚、難過的哭泣；我那時不懂的是，我們不斷的告訴自己一定要快樂，但是爲什麼我們不能夠快樂？

後來我發現，我們常誤以爲的快樂，其實是建立在痛苦上的快樂。更精確的來說，那是因爲我們從來不忍離開痛苦，所以我們不懂，爲什麼我們不能夠眞正快樂。

自從開始寫作之後，我常遇到很多讀者和網友跟我訴說他們不快樂的戀情，我發現，每個人都是急切的渴望、需要愛的，他們需要愛是因爲他們需要被愛，他們需要有個人愛、需要有一個人愛他，需要一段戀情來證明自己是被愛的，所以他們不快樂。

因爲，妳的快樂都是向別人要來的。當別人不能給妳快樂了，妳就會一貧如洗。

妳一直質問自己爲什麼不快樂，但是爲什麼妳不能讓自己快樂？

或者是，妳寧可活在痛苦不堪的戀情中，只因爲妳可以在痛苦不堪中找到偶爾曇花一現的快樂；又或者是，妳自作孽覺得痛並快樂的活著才眞實，甚至妳只是催眠自己那些痛苦將來都會幻化成幸福快樂。

妳不願離開那個不能讓妳快樂的人，只是因爲妳不甘心。妳都痛苦了那麼久，妳更不能放棄、不能轉讓，妳不甘心離開不是因爲妳多愛他，只是因爲妳不能離開他。更老實的說，妳只是不希望他跟別人在一起，所以妳不離開他。

妳不甘心、妳不放手、妳不快樂、妳離不開他，不是因爲妳很愛他，只是因爲妳不希望別人占有他。

妳無法忍受他離開了妳，找到他眞正的幸福快樂，妳無法忍受妳不是他生命中最後一個女人，妳無法接受別人告訴妳，妳不是他願意共度一生的伴侶。妳寧可一直跟他在一起，即使妳知道有一天他一定會離開妳。

親愛的，雖然很痛，但是妳一定要清醒。

我想起我的好友跟我說，她花了好長的時間一直跟那個無緣的男友見面，她知道不會有結果，她不敢告訴我們分手後還一直在一起。她當時很痛苦，常常哭泣，懷疑自己爲什麼不能夠幸福快樂。她說，直到有一天她決定放下了，不再跟他聯絡了，她認眞的告訴我：「一開始的時候一定很痛苦，但是過幾天、過幾週，甚至一個月、兩個月後，我每天數著日子我發現我撐過來了，我眞的可以不要他了。沒想到我眞的可以做到。」現在她很快樂，她笑起來很美麗，因爲她現在遇到了新的男友。我眞的非常的替她開心。

也有人問我，爲什麼我遇到失戀、挫折，我還是可以這麼樂觀，爲什麼我總是看起來很快樂。其實說來簡單，人生苦短，爲何沒事要讓自己不快樂？說直接一點，快不快樂都是自找的、妳自己選的。大家一樣都會遇到不好的事，但爲什麼每個人的人生際遇不一樣？因爲看妳是用什麼態度去面對那些不快樂的事，用什麼樣的角度去看那些傷害妳的人。

我一直覺得，我很感謝我生命中曾經傷害過我的人，沒有那些人，我不會成長、堅強；沒有過去的傷害，怎麼會有現在的智慧與成功？有些人會一直活在怨恨中，走不出傷害，於是人生就再也不會進步。那麼，妳們就繼續活在過去吧，妳就只能一直停在這裡！

就像我常說，失戀不代表失敗，一段失敗的戀情常常可以讓妳的人生更成功，但許多人寧可選擇不失敗的戀情（對他們來說，分手就代表失敗），卻賠上了失敗的人生。失戀和失敗的人生，妳覺得哪一個比較重要？

我眞的覺得失戀沒什麼不好，失戀沒啥好怕的，很多人因爲失戀而發現自己的世界更寬更廣，人生原來這麼美好，世界上的帥哥美女其實不少。就像女王以前只要分手都會走大運，所以相信我，離開爛人後妳的人生運勢會大好；請不要再怪自己的命不好，個性決定命運，命不好都是妳自己離不開爛人，上帝當然懶得祝福妳。

妳要感謝那些傷害妳的人，他們是訓練妳未來可以成爲更堅強、更成熟的人。那些傷害都是讓妳未來可能成爲更棒的人，當妳有了面對傷害的那些能力之後，當妳成長茁壯之後，妳才有「能力」在未來遇到更棒的人。

只要妳去觀察那些快樂、成功的人，他們不會浪費時間在抱怨人生的不滿、不會花時間在抱怨爲何上帝不平等、自己的人生爲何不順遂；爲何會被傷害、爲何這麼倒楣、爲何小人很多、爲何他不快樂……因爲他們懂得在任何情況下找到讓自己去快樂、去進步、去讓自己的人生變得更好的方法。

他們擁有讓自己快樂的能力，而不認爲是別人要給他快樂。

親愛的，請離開那些無法讓妳快樂的人，請感謝過去那些傷害，將來妳可以成爲更棒的人。

我眞心的希望，妳要快樂。

安全感

如果你問我，我這一輩子都在追求的是什麼，我會告訴你，我要的只是，安全感。

如果你問我，什麼是人生中最重要的東西，我會回答你：「安全感。」

從小到大，我一直是一個很沒有安全感的女孩。我怕找不到回家的路，所以我會記得怎麼坐一個多小時的車、怎麼換車可以回到家，還記得那時候小學二年級的我，手心流著手汗，緊張的看著自己是不是上錯了車。我很怕迷路、很怕回不了家，我走到哪都要記得路，所以我長大以後方向感很好、很少迷路。

從小就是鑰匙兒童的我，必須面對很多父母不在身邊的時刻，所以很懂得察言觀色。我很怕沒有錢，所以從有記憶以來就懂得存錢，而且最大的興趣就是存錢，我害怕沒有錢的感覺。我很怕別人不喜歡我，所以學著要當一個人見人愛的好女孩，要有禮貌、要對每個人好、要對不喜歡我的人微笑。我不敢跟人爭執吵架，因爲我害怕任何人覺得我不是好人，我不敢罵人、不敢吵架、連生氣都要反省自己是不是不該生氣。

我努力相信世界上每個人對我都沒有惡意，因爲，不和平的世界讓我沒有安全感。

我知道，我必須要想盡辦法讓自己有安全感，不然，沒有人可以幫我。

我談戀愛的時候，很沒有安全感。但是我又想給對方最大的安全感。每一次，我很開心的時候，我都很害怕，這可能不是眞的，一定在之後我會失去它。我從來不敢說我擁有什麼東西，因爲，我害怕一旦我擁有了，我又要失去了。我很怕對方不愛我，所以我盡所能的對他好，我怕，只要我對他不夠好，他就會不夠愛我。他們說我總是愛得太過用力，我總是說我喜歡付出勝過回報。他們說我沒有當公主的命，我說情願流著汗流著淚，再多的努力也只是爲了他的微笑。

我的記性不好，每當我很開心的時候，我總是很努力的想記得那些時候。我用我的眼睛、我的耳朵、我的嗅覺，想要牢牢的記得那每一個時刻。

那些畫面，那些被愛的時刻。

我不敢相信我在這一刻的快樂可以一直存在著，我知道，我沒有那種天生的好運，可以擁有那些別人輕而易舉得到的幸福快樂。我必須很努力很努力，但是，努力不代表一定會成功。我總是很努力的向前跑，然後，很用力的跌倒。然後，在眾目睽睽下再站起來，笑著說我沒事，再繼續往前跑。他們說，妳爲什麼要這麼用力？

我說，因爲我若沒有盡我百分百的努力，我不敢說，我有眞的愛過。

在我所有堅強與成功的背後，我只不過是一個非常沒有安全感的女孩。我躲在陰暗的角

落發抖，但是當你喊了我，我會努力用我最明亮的能量，給你最溫暖的陽光。我一直是這樣的人，你看不到我的陰暗角落，你也看不到我發抖，我不想讓你擔憂。

他們說我很幸運，我已經擁有了很多東西。你問我人生中追求的是什麼，人生中最重要的是什麼，我會告訴你：

「安全感。」

妳可以擁有名、擁有利，擁有那些別人羨慕的東西，但是心底那踏踏實實的安全感，只有妳自己知道。那些追求眞愛的人，那些滿身是傷的人，他們要的總是很簡單的東西，他們要的只不過是感情裡的安全感。但是，爲什麼那麼多的人不快樂？他們總是說，他要的不過只是對方給他一點安全感，那種能信任、託付自己，沒有一點猶豫、懷疑和不肯定的愛情，爲什麼那樣的難？

我也想知道，爲什麼越簡單的東西，反而越來越難得到？

我們要的很多嗎？不是的。我們只要你成爲我們的避風港，無論我們受到多少委屈和不堪，我們都有最後一個擁抱。我們可以相信你，可以義無反顧的信任你，可以知道即使我見不到你，你的心一定在我這裡。我們想要你願意牽著我們的手，驕傲的跟別人說這是我的女朋友；我們想要你把我當做是一個很重要的人，只要我一回頭你就會站在那裡的人。我們曾經受過很多傷，我們變得很難信任人，我們或許很難相信單純愛情的可能。但每當我們一害怕、一擔憂的時候，你不會在第一時間責備我們的不安全感，而是告訴我們，你可以給我安全感。

我們只是想要一段認認眞眞被你承認的關係，而不用再問自己「我是你的誰」；我們想要在任何最眞實、最不可愛的時刻，任何會讓你討厭我們的時刻，可以在你面前做自己，而不必煩惱你是不是會不愛我。我們想要在人群面前，你一定會站在我身邊，給我最大的支持和力量；我們可以很有自信的相信，你會一直在這裡。

每當有人質疑我的時候，你永遠會站在我身邊，你一定會讓我知道，我一點也不孤單。每當我找不到你的時候，我也不用擔心害怕，因爲我知道，你也一定在找我。每當我們討論感情的時候，你不會說「不要給我壓力」，你不會讓我有一點不安的可能；你會給我你的手、你的肩膀，給我信任你的力量，而不再害怕有一天我會失去了你。

很抱歉我們很沒有安全感，所以你必須試著了解我們的不安、恐懼、擔心、懷疑。你知道，我們是因爲太愛你了，所以覺得很害怕，害怕如果我們又失敗了一次，我們到底要怎麼相信自己也可以跟別人一樣擁有幸福快樂的可能。

我們要的不多，我們只是不要再不安、恐懼、擔心、懷疑，這麼簡單的事情。我們不是悲觀，我們只是想在這麼混亂的現實世界，相信這世界還有值得我們相信的美好。我們希望有一雙手、有一個肩膀、有一個人，可以讓我們願意用生命去相信，而且不管在任何時候，在最後一刻，他絕對不會放開我們的手。

好簡單，但是又好難。

如果你問我，我這一輩子都在追求的是什麼，我還是會告訴你，我要的只是，安全感。

好命是一種生活態度

誰說「好命」是別人給妳的？是妳有好父母、有好老公，有了「別人」就能打包票妳一生好命、幸福？

「好運」或許是天生的，但「好命」靠的還是妳後天的努力。

每天打開報章雜誌，我們總能看到很多名媛名人不斷登上頭條、封面、上電視廣告，她們有多美滿的家庭生活、她們永遠保養得宜比明星還要美麗，她們總是提著最新款的包包，穿上妳不會唸的品牌衣服，她們讓許多女孩羨慕又嫉妒，希望自己也能變成她。

許多女孩看到她們完美生活的報導後，總是嘆了一口氣說：「唉，爲什麼我的命沒她那麼好？」

老實說，我也跟一般人一樣，看到那些令人羨慕又遙不可及的報導後，也眞的很羨慕有些人可以過這種「好像想買什麼就買什麼」的生活（這時忍不住又很想表演「這個、那個統統包起來」的闊太氣勢）。但是回頭想想，又覺得自己沒那個命，因爲我是天生勞碌命，我這

輩子的財富都是辛苦財，加上天生就當不慣被人疼的公主，人家對我好一點就好像我欠他幾百萬一樣。

如果眞的有老公要我不工作只要幫他花錢，我大概會得憂鬱症，然後跪下來跟他說：「拜託，讓我去打零工也好！」

大概每個人有每個人的命吧，我很羨慕有些人可以過這樣的生活，但是我知道自己不是這塊料。我喜歡流汗播種含淚收割的勞碌感，越勞碌越有存在感，這就是我的人生。我也喜歡收到人家送的名牌，但是那樣快樂的感覺卻沒有我辛苦工作好不容易買下來犒賞自己來得爽快、踏實。所以我早認清人各有命，我很羨慕她們，但我不嫉妒，也不想變成她們。

因爲，我從來不覺得自己的命不好。

我是一個非常不喜歡抱怨的人，老實說，我從來沒有跟別人抱怨過「我的命眞的很不好」這件事。不管遇到什麼不好的事，甚至別人都覺得我很倒楣，我都不曾眞的覺得很糟，甚至我常安慰那些替我不平的人說：「還好啊，我其實並不生氣耶！」「沒什麼吧，小事一件啦，我沒放心上！」

因爲我覺得，人生不該浪費時間在生氣和抱怨，很多事情換個角度想，其實人生就變得不一樣了！塞翁失馬焉知非福，妳遇到的小人或許未來會成爲妳的貴人也不一定，人生本來就有很多考驗，浪費時間在抱怨，不如趕快跨越。

我一直相信人的信念很重要，只要妳一直覺得會怎樣，通常都會怎麼樣。覺得自己倒楣

的人，很難有好運，因爲就算有好事要發生，也會被他搞成壞事。覺得男友會劈腿的人，每天患得患失神經緊張，也會讓對方被妳逼到眞劈腿。覺得自己很幸福的人，每天都會吸引到美好的人事物，覺得自己好命的人，通常命都不會太差。

因爲，我覺得「好命」是一種心態、一種生活態度，只要相信自己好命，自然而然，我們會讓自己過得越來越好，越來越好運，越來越好命。好命是一種正向的能量和態度，相信自己值得過好人生的人，才會懂得愛自己、讓自己更好，珍惜生命中美好的人事物，並有能力讓自己往好命的方向邁進。如果連妳自己都不相信自己能有好人生，誰還能幫妳呢？

相信自己可以成爲一個「值得更好」的女生，讓自己成爲一個「值得愛」的女生，妳就會遇到「值得」的另一半。

我是個樂觀又知足的人，樂觀是我覺得不管發生什麼事，只要我用心、努力，最後的結果一定是好事。知足是不要一直想著自己缺少的，而要想自己擁有了多少。只要樂觀和知足，即使過著勞碌感的人生，我也很感激自己能有這麼多工作機會，雖然辛苦，但是我更應該珍惜自己可以擁有的。我從不覺得自己命不好，那是因爲我相信我有能力可以讓自己往好命的那條路努力。不管現在好不好，我的未來一定會更好。

看了很多所謂「好命女」的故事，我眞的很欽佩她們是很認眞的生活、也很認眞的從事自己的工作，雖然外面的人看她們總是很羨慕，但是我相信她們要面對的壓力不是我們一般人可以想像。很多事情，我們也只是看表面，有時候人們會覺得某些人很幸運、很好命，但

是在幸運與好命的背後，其實是有更多旁人看不見的努力，這也讓我們相信，她們的好命也是付出了很多努力。

當然，好命是一種生活態度，是指像我們一般中產階級不必煩惱下一頓飯在哪裡，還有能力靠自己養活自己，我們並不是那些眞正陷入貧窮的人。比較起來，我們更要珍惜自己所擁有的幸福，甚至是生活中小小的幸福。

我常被朋友和我妹妹笑我是個很容易滿足的人，吃到好吃的東西、搭到有座位的捷運、很幸運的發現什麼東西、意外買到便宜的東西，我就會很興奮的一直講：「哇，我好幸福喔！」「耶！眞開心！」興奮到一直重複講到他們都會說：「妳很誇張耶！」或許因爲太容易知足又不喜歡抱怨，加上很難討厭人，所以我這種人活得還挺開心的，每天笑嘻嘻。

我覺得自己好命，因爲我很容易快樂、知足，也很容易因爲小事情覺得自己很幸福。

我相信每個人都有自己不同的人生，我們不用去羨慕別人，有些飯碗不是妳端得起，有些角色也不是妳去演就能打從心裡笑得開心。做自己，用自己的方式，努力的讓自己的生活變得更好，懂得善待自己，讓自己隨時處於「我好幸福」；即使只不過是吃到好吃的甜點，妳越懂得讓自己快樂，妳就越好命。

誰說「好命」是別人給妳的？是妳有好父母、有好老公，有了「別人」就能打包票妳一生好命、幸福？我覺得「好命」不是靠別人給妳，而是妳有能力讓自己的命越來越好。「好運」或許是天生的，但「好命」靠的還是妳後天的努力。

我們不必跟別人比，只要跟自己比，我們了解自己的人生，並用自己的步伐努力前進。我們知道自己該走什麼樣的路，並且努力的讓自己的路變得更加寬廣、明亮。

好命是一種生活態度，因爲相信自己會更好，而朝著夢想努力的女人，絕對會讓自己往好命的那條路走，即使過程辛苦，必定流汗播種，微笑著含淚收割。

我喜歡當個勞碌感的人，因爲越付出越讓我覺得自己富有。我所擁有的不止是金錢，而是金錢買不到的意義。或許當個有錢人可以擁有許多，但我相信我擁有的愛與支持更令我覺得富足。（比方說是30萬的包包和30萬個讀者的支持，我會選擇後者。）

我很好命，我不只是好運，我更相信我能創造自己的命運。

30歲的生日願望

我曾是一顆石頭，到了30歲後，才找到自己的光芒。
祝福我自己30歲以後人生開始向前走，也祝福妳們！

在吹熄了30歲的生日蠟燭後，我覺得人生重新開始了。20幾歲的我迷惘、衝動、困惑、叛逆，經過這些年的磨練後，慢慢的，我從一個尖銳的小石頭越磨越亮；慢慢的，發掘了深藏在石頭內的鑽石，從黯淡的色澤慢慢磨練出一點點的光芒。

或許很多人覺得我很幸運，在各方面越變越好，也擁有許多人嚮往的工作和生活。但是，我的確不是一個天生幸運的人，我不覺得我特別聰明、漂亮、有能力，我是透過後天努力讓自己越磨越亮，我總是笑稱自己走「老運」。

年輕正盛時，我只是一個醜小鴨，不懂自己未來要做什麼、不知道自己適合什麼型，不斷的嘗試、改進，羨慕那些年輕時就出風頭、懂得玩、又聰明世故的女生。自己真的傻傻笨笨的，但是沒想到，多年努力下來，我找到了自己的位置和自信；這一路走來的過程，跌倒

再站起來，不斷嘗試挑戰自己，不管是好是壞，我都感謝那些經歷讓我現在可以成爲更好的人。

我更慶幸自己沒有在一路成長的過程中做過令自己後悔、誤入歧途、會讓自己看輕自己的事，我沒有向現實低頭，也未曾否定自己的價值。我很慶幸，我走的是「老運」，所以我有更多時間鍛鍊自己，在這個社會磨練，而不是年紀輕輕就急著長大，輕易放縱，揮霍了青春。

我曾是一顆石頭，到了30歲後，才找到自己的光芒。

30歲的那一刻，我的心裡平靜又踏實，也不再害怕了。我知道，我已足夠堅強也能靠著自己的努力和意志大步的往人生的道路前進；我的心靈已夠富有，足以讓每個靠近我的人快樂充實，我喜歡付出愛、懂得愛人，也更珍惜被愛。

尤其是被這麼多的廣大讀者們所愛著，我眞的是非常富有、幸福的人呢！

30歲我想許下許多願望，我希望我能當一個不斷付出的人，對每個愛我的人付出，也希望我身邊的每個人都要幸福快樂，不管有沒有伴，都要努力的讓自己活得快樂，這是最重要的。

再來，我希望我能夠一直、不斷的寫作，不只爲我自己而寫，也爲了喜歡我的讀者們努力寫下去。當我發現，我的寫作事業已經不是「我要不要做」而是「我必須做」的時候，我知

道，我已經不能放棄。一旦我放棄經營Blog、寫書，會有許多讀者告訴我：「女王，我不能沒有妳！妳一定要繼續寫下去！」

我再也不只是自己創作，而是爲了許多人而寫。我從沒想過我的一言一句都能夠影響這麼多人，能讓許多人走出痛苦找到自信，能改變別人的人生，聽到他們對我說感謝，我覺得好有意義。

「女王」的存在，或許對讀者已經成爲一股精神上的力量了吧（笑），不管我要不要當女王，我都必須繼續爲了這個精神領袖的指標，繼續努力下去。因爲我知道我的工作是有意義的，我一定要爲了這麼多人的期待而努力。

寫作已經成爲我的使命。

每當好忙、好累時，聽到讀者鼓勵的話，我知道，我一點也不孤單。我能夠擁有這麼多人的支持、祝福和喜愛，眞是我最大的福氣。常有人說：「女王，我覺得妳眞好運！」我相信，我的好運，都是因爲我擁有這麼多人的祝福力量，所以，我眞的是非常好命的人！

我的好命不是一般世俗所認定的擁有珠寶豪宅名牌包和好家世……我的好命是我擁有許多眞心喜歡我的人，我擁有掌聲、支持和太多的愛，這些都不是那些擁有珠寶豪宅名牌包或豪門等所謂好命的人可以用金錢買到的。所以我相信我比他們富有，我珍惜著這得來不易的一切，那是多麼稀有可貴，所以我要繼續的、繼續的寫下去！

30歲的我，很幸運的擁有一個愛我的男人。（啊！寫到這裡怎麼會落淚了呢？）他願意不畏壓力與流言蜚語，與一個人家口中的名女人在一起，是需要多麼大的勇氣啊！

我寫兩性，但從不自認爲是「兩性專家」。女王談了戀愛，也只是一般的女人啊，會做任何的蠢事、會吃醋、會害怕、會犯錯、會失誤，在愛情面前，我們都只是個小女人。

對我而言，能找到我愛的人很不容易，能找到愛我一切的男人也不容易。年紀越大，能談一段「不用保護自己而願意把眞心放在手心上交給對方」的感情也越難。因爲聰明了、害怕了、沒有安全感了，還能夠堅持「愛人比被愛幸福」眞的需要很大勇氣。

或許談感情這一點，我還是一樣是個傻妞，愛上了不保留、不玩遊戲、不自抬身價，自以爲勇敢的往前衝。不害怕又跌一跤嗎？我當然怕，但是，我依然相信，我這麼努力，一定值得被愛、值得幸福。

或許一年後、兩年後，未來不可預料的世界不是我能掌握。但是現在，我很珍惜我所擁有的一切。或許有一天我又失戀，或許未來幾年我繼續當個敗犬也好，我不後悔我所經歷過的人生，因爲我是一直認眞的、用心的、眞心的過著每一天。

我很幸運能遇見一個好男人，謝謝他的陪伴，也謝謝他讓我努力成爲一位更好的女人！

我擁有愛情、友情、親情的陪伴和支持，擁有我最喜歡的事業與親愛的讀者，我眞的很幸福！（好吧，寫到這裡已經哭完了……）

我願意把我的祝福都獻給看著這本書的每一個妳，只要願意相信，妳們都一定值得幸福、快樂。我們都要一起努力喔！

祝福我自己30歲以後人生開始向前走，也祝福妳們！

妳們此刻的笑容就是送給我最好的禮物！

The Eurasian Publishing Group
圓神出版事業機構
用心與你對話・視野無限寬廣
圓神出版社
Eurasian Press

http://www.booklife.com.tw inquiries@mail.eurasian.com.tw

圓神文叢 091

女王力

作　　者／女　王
發 行 人／簡志忠
出 版 者／圓神出版社有限公司
地　　址／台北市南京東路四段50號6樓之1
電　　話／（02）2579-6600・2579-8800・2570-3939
傳　　真／（02）2579-0338・2577-3220・2570-3636
郵撥帳號／18598712　圓神出版社有限公司
總 編 輯／陳秋月
主　　編／沈蕙婷
責任編輯／沈蕙婷
美術編輯／金益健
行銷企畫／吳幸芳・陳姵蒨
印務統籌／林永潔
監　　印／高榮祥
校　　對／女　王・林平惠・沈蕙婷
排　　版／杜易蓉
經 銷 商／叩應有限公司
法律顧問／圓神出版事業機構法律顧問　蕭雄淋律師
印　　刷／祥峰印刷廠
2010年2月　初版

定價 290 元　ISBN 978-986-133-316-8

每一本書，都是有靈魂的。

這個靈魂，不但是作者的靈魂，

也是曾經讀過這本書，與它一起生活、一起夢想的人留下來的靈魂。

——《風之影》

國家圖書館出版品預行編目資料

女王力 / 女王著. -- 初版. – 臺北市 :
圓神, 2010.02
256 面 ; 14.8 × 20.8 公分. -- (圓神文叢 ; 91)

ISBN 978-986-133-316-8(平裝)

855 98024508

TALIKA PARIS
the expert of specific treatments
lipocils
嫵媚長長睫毛液
28天．睫毛立刻俏豔濃長
輕熟女最愛體驗禮&獨享優惠好禮
2010/12/31前，憑本券至全省Talika專櫃，接受肌膚諮詢，可免費兌換輕熟女最愛緊緻光感系列任一產品體驗包，使肌膚增強自我防禦能力，散發年輕光彩。
憑本券消費任一正產品還可享10%優惠。
贈品以實物為準，每人限換一份，數量有限，換完為止。

| 美肌好禮兌換券 |
體驗完整三步驟角質保養 感受立即透亮的美肌容顏！
於 2010/2/1~2010/2/28 活動期間，
憑此兌換券至倩碧專櫃接受肌膚諮詢，
並留下顧客資料，
即可免費兌換三步驟美肌好禮乙份。
（每人限用一張 數量有限 送完為止）
買一送二，完美組成三步驟
凡於2010/2/1~2/28至倩碧專櫃購買三步驟正貨任一瓶(洗面膠、潔膚水/保濕潔膚水400ml、還原潤膚露/膠125ml)即可獲得
三步驟買一送二(其他兩步驟15ml)。
● 數量有限送完為止 ＊不與其他優惠重複贈送
CLINIQUE
Allergy Tested. 100% Fragrance Free.
Formulated for Asian skins.
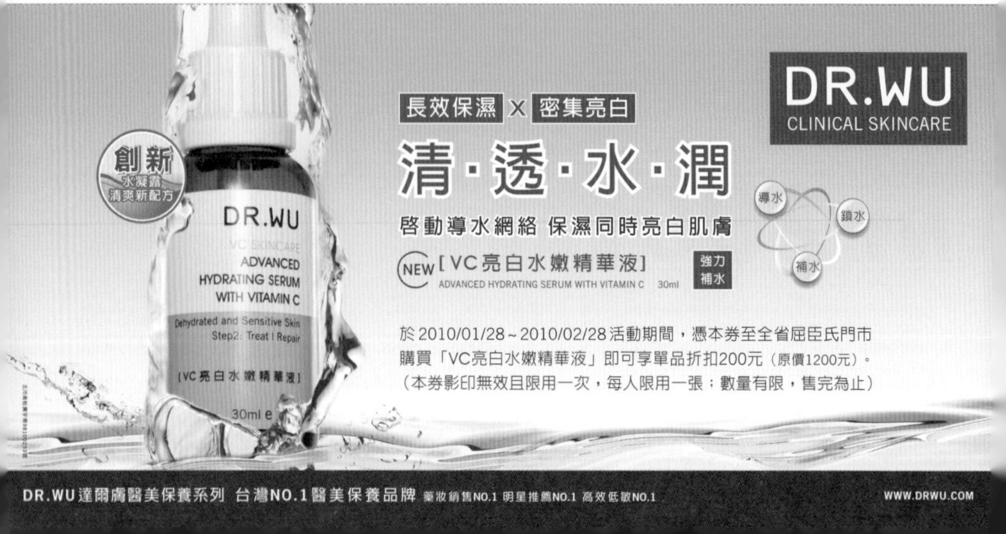
DR.WU
CLINICAL SKINCARE
長效保濕 X 密集亮白
清．透．水．潤
啟動導水網絡 保濕同時亮白肌膚
NEW [VC亮白水嫩精華液]
ADVANCED HYDRATING SERUM WITH VITAMIN C 30ml
強力補水
導水
鎖水
補水
創新
水凝露
清爽新配方
DR.WU
VC SKINCARE
ADVANCED HYDRATING SERUM WITH VITAMIN C
Dehydrated and Sensitive Skin
Step2: Treat | Repair
[VC亮白水嫩精華液]
30ml e
於2010/01/28～2010/02/28活動期間，憑本券至全省屈臣氏門市購買「VC亮白水嫩精華液」即可享單品折扣200元（原價1200元）。
（本券影印無效且限用一次，每人限用一張；數量有限，售完為止）
DR.WU達爾膚醫美保養系列 台灣NO.1醫美保養品牌 藥妝銷售NO.1 明星推薦NO.1 高效低敏NO.1
WWW.DRWU.COM